내일 수업을 위한 오늘 인형 만들기

워크북

-전문가가 제시하는 스토리텔링 교수매체로써의 인형 활용서-

조 윤 진

창지사

머리말

“인형을 만들어 아이들에게 재미있는 동화책을 실감나게 들려주고 싶어요.”

“저는 손재주가 없어요. 그런데 유아 교구교재점이나 인터넷에서 파는 그런 인형은 너무 이상하고, 인형이 안 예뻐요.”

“인형을 주문 제작해서 만들려고 하는데 인형이 너무 비싸요.”

“프로 극단이 하는 인형을 샀는데 어떻게 연기하는지 모르겠어요.”

어린이집이나 유치원 교사, 초등부 교사, 방과 후 선생님, 스토리텔링 선생님, 종교단체, 아마추어 팀과 인형을 매체로 쓰고 싶어 하는 성교육 단체, 인터넷 중독 예방, 환경연합, 장애우, 실버단체…. 모두 똑같은 어려움을 겪고 있다.

정말 제대로 된 인형극을 할 수 없는 것일까? 창조자의 입장에서 보았을 때 사람은 어떠한가? 부족하지만 나름대로 각각의 개성이 있어 각기 다른 매력으로 살아가고 있다.

우리가 어렵다고 느끼는 인형 제작도 마찬가지다. 물론 전문가들이 하는 인형극은 완벽하고 멋지게 보인다. 하지만 그들은 완벽하고 멋진 공연을 보여 주기 위해 인형 제작부터 연기까지 많은 시간을 할애한다. 일반인들이 이러한 과정을 빼고 “우리 인형극이나 할까?”라는 식으로 쉽게 덤벼든다면 아마도 아주 부끄러운 공연이 될 것이다. 게다가 여기서 그치지 않고 수많은 아마추어들은 본인들의 공연이 제일이라고 생각하며 우쭐대기까지 한다.

필자도 그러한 때가 있었다. 많은 박수를 받고 아이들의 웃음 소리, 엄마들의 만족감 그리고 내가 창조자가 되어 여러 가지 형태로 인형극을 제작한다는 것이 멋지고 훌륭하다고 생각했다.

하지만 올해로 23년이나 된 긴 세월을 인형극을 하며 살아오면서 많은 실패와 좌절을 겪고 나서야 비로소 깨닫게 되었다. 나 자신조차도 인형극이라는 이 어마어마한 장르를 굉장히 가볍게 여겼다는 것을…. 이제는 "인형극이나 한 번 해 볼까?"라고 말하는 사람들에게 조언하고 싶다. 인형 디자인, 제작부터 연기, 연출, 조명, 음향 등등…. 인형극은 일반 연극이나 아동극에 비해 훨씬 많은 시간을 들여야 할 수 있고, 단순히 얼굴이 안 나오니까 괜찮을 거라는 생각은 버리라고…. 진정으로 인형극을 하고 싶으면 반짝이는 아이디어와 용기도 필요하지만 많은 인내심과 연기자 자신보다 더 인형을 빛내게 해야 하는 겸손함을 지녀야 한다고 말하고 싶다.

이 책은『장대 인형 제작법과 연기론』,『탈 인형 제작법과 연기론』,『그림자 제작법과 표현론』에 이은 필자의 네 번째 책으로, 그 동안의 심층적인 인형극의 전공책보다는 쉬어가는 책으로 여겨도 될 만큼 가볍고 즐거운 활용서가 될 것이다.

이 책을 읽어 보고 현장에서 잘 활용된다면, 필자가 쓴 다른 책들을 둘러보고 좀 더 심층적인 인형극의 세계를 경험해 보면 좋겠다.

이미 작업했던 위 전공 서적들은 필자가 몸담은 우리나라에서 제일 오래된 현대인형극회(www.puppeteer.co.kr. 유투브- "현대인형극회"로 검색)의 50여 년의 역사가 담긴 책이다.

책을 읽는 간접 경험으로도 좋은 인형을 만들어 좋은 연기로 공연한다면 그나마 혼자서 끙끙거리는 시간을 최대한 줄일 수 있을 것이다. 그리고 주위를 둘러보길 바란다. 그리고 죽어 있는 사물에 생명체로 만드는 반짝이는 아이디어를 불어넣어 준다면 모든 교수매체에 인형극을 접목시킬 수 있다. 다시 말해서 세상 모든 물건을 어린이의 친구로 만들 수 있다는 것이다.

오늘은 여러 가지 재활용품을 이용해 내일 수업을 위해 바로 쓸 수 있는 인형들을 만들어 볼 것이다.

이번 인형 만들기 워크북은 일반인들도 쉽게 접근할 수 있고, 다양한 응용법을 통한 독특한 수업매체가 될 것을 확신한다. 반짝이는 아이디어만 있으면 보는 관객들로 하여금 친밀감과 무한한 상상력을 줄 수 있다. 그동안 인형 만들기에 대한 아이디어나 전문성이 없어서 고민하고 평면적인 자료에만 의존했다면, 이 워크북을 통해 생동감 있고 풍부한 나만의 수업을 기대할 수 있을 것이라 확신한다.

이 책에 실려 있는 많은 이미지 샘플과 참고 서적은 인형을 활용하는 데 있어서 도움이 될 것이고, 이미지들은 한 인형에게만 국한되는 것이 아니라, 여러 인형에 적용시킬 수 있다. 또한 인형 제작의 수준을 난이도로 나누어 표시하였다. 어떤 사람에게는 난이도 中도 쉬운 것일 수 있겠지만, 인형 제작에 드는 시간을 고려하여 나누었으니 난이도가 낮은 것부터 도전하기 바란다.

"현대인형극회"에서 필자는 정동극장에서 공연한 "줄 인형 콘서트"나 연강홀에서 공연한 재활용 인형들의 콘서트인 "띠용이와 떠나는 환경 캠프", 그리고 경기도 국악당과 국립국악원에서 진행한 실제 국악 악기를 이용하여 세상에 하나밖에 없는 국악인형극 "피리인형 떼루떼루"를 제작 · 연출했다. 이 작품들은 오랜 기간 연구를 통해 실패를 거듭하면서 세상에 소개된 단 하나밖에 없는 인형이다. 이중의 대다수는 기술 특허, 디자인 특허를 내서 현대인형극회가 관리하고 있으며 이번에 이 책에서 소개하는 재활용 인형 제작 기법은 수십 년간의 아카데미 수업을 바탕으로 축적된 현대 인형극회만의 노하우임을 밝힌다.

또한 필자가 연출자로 있으며 이 책을 만드는 데 협력해 준 아마추어 인형극단 "뚝딱뚝딱 인형극단"의 "브레멘 음악대"와 "오즈의 마법사"에 나오는 재활용 인형들은 필자의 아이디어와 그들의 노력으로 된 단 하나밖에 없는 공연임을 밝힌다.

좋은 조언으로 이 책을 빨리 세상에 나오게 해 주신 창지사 전무님, 1,000장이 넘는 사진들로 늘 고생하는 편집부 식구들, 스토리텔링 수업을 하고 인형극의 매력에 푹 빠진 동생 신선희, 나이 어린 선생을 모시고 있는 적극적인 "뚝딱뚝딱 인형극단", 인형극의 큰 스승이시며 감수를 맡아주신 아버지, 어머니, 그리고 늘 이해해 주시고 사랑해 주시는 시엄마, 시아빠, 엄마의 재미있는 인형극 놀이에 적극적인 모델이 되어 준 큰 딸 단이와 아들 모모, 좋은 조언과 지원을 아끼지 않고 응원해 주는 남편에게 이 책을 바친다.

2015년 10월

현대인형극회 **조 윤 진**

차례

1 손가락 인형

2 손 인형

3 막대 인형

4 그림자 인형

5 줄 인형

6 실물 인형

7 다양한 재활용 인형들

손가락 인형

1

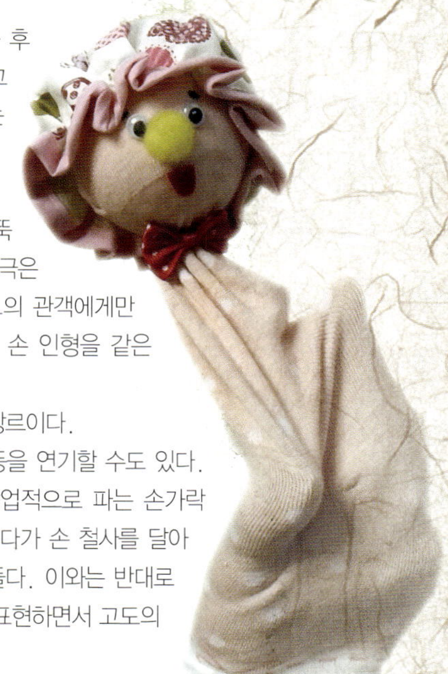

많은 일반인, 어린이집이나 유치원 교사, 초등 교사, 방과 후 선생님, 스토리텔링 선생님, 종교단체의 교사들이 잘못 알고 있는 상식 중에 손 인형이라는 이름으로 상품화되어 있는 인형들은(인터넷이나 유아교구점에서 저렴한 가격에서 구입) 연기자의 손가락을 이용하여 움직이는 손가락 인형이다. 이 손가락 인형은 손뿐만 아니라 손 인형의 척추가 될 수 있는 팔뚝 자체를 이용하는 손 인형과는 확연히 다른 인형극이며 손 인형극은 방송 프로그램에서 많이 보여지지만, 손가락 인형은 소규모의 관객에게만 보여 주는 다른 장르이다. 필자는 독자들이 손가락 인형과 손 인형을 같은 것이라고 헷갈리지 않기를 확실히 밝히는 바이다.

손가락 인형이란, 이미 밝힌 바와 같이 손가락을 주로 이용하는 장르이다. 손가락으로 인형의 양손을 연기할 수 있고, 간단한 인사나 동선 등을 연기할 수도 있다. 손가락 인형이라도 손 인형처럼 입을 움직일 수 있는 것도 있지만 상업적으로 파는 손가락 인형은 몸통 자체가 없거나 인형 손을 따로 움직일 수가 없다 간혹 인형에다가 손 철사를 달아 움직이기도 하는데 워낙 인형 자체가 작아서 많은 관객 앞에서 공연하기 힘들다. 이와는 반대로 손 인형은 줄 인형 다음으로 인형극의 꽃이라 불릴 만큼 희로애락의 감정을 잘 표현하면서 고도의 연기력을 요구하는 장르이다.

즉, 고도의 연기력을 요하는 손 인형 장르와는 구분되어야 하며 상업적으로 시중(인터넷이나 유아교구점)에 파는 인형들은 하나같이 똑같은 표정에 특징이 없는 간단한 인형으로, 아이들과 제대로 교감을 이루기에는 적당하지 않다. 그런 인형은 봉제 인형 상태로 상품화되어 있기에 인형극에서 놓쳐서는 안 될 눈의 교감(eye-contact)을 할 수 없다.

그러므로 내가 직접 만들지 않은 인형은 죽은 것이나 다름없다. 차라리 잘 만들지는 못하더라도 정성이 깃들여 있고, 나의 숨결이 들어가 있는 인형을 직접 만드는 것이 낫다. 그래서 이 장에서는 처음으로 슬리퍼 인형을 제시하고자 한다.

1

오븐용 장갑을 이용한

물고기 인형

난 이 도

준비물

- 오븐용 장갑
- 다양한 펠트지
- 접착제(본드나 글루건)
- 가위
- 눈 재료(없으면 펠트지로 제작 가능)

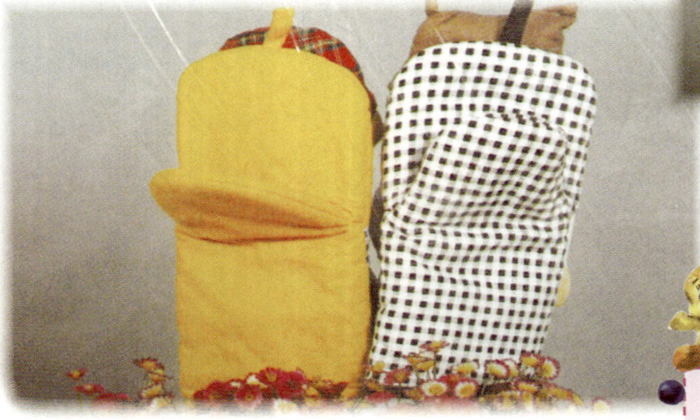

TIP

요즘 시중에는 예쁜 모양의 오븐용 장갑이 많이 있다. 사람 인형을 오븐용 장갑에 붙여 인사나 간단한 역할극을 할 수 있다. 위에 사용되는 인형은 벽걸이용 부조 인형이 되겠다.

오븐 장갑과 반짝이는 두꺼운 펠트지를 이용하여
간단한 방법으로 물고기를 만들어 보자.

한쪽 방향으로만 만들 수 있기도 하고, 양쪽 방향으로 만들어 볼 수도 있다. 인형 제작이 쉬워서 아이들과의 체험 활동에 함께 쓰여도 좋다.

간단요약

1. 재료 준비
2. 지느러미 꼬리 만들기
3. 눈 붙이기

스토리텔링을 위한 활용서

하늘을 날고 싶은 괴물 물고기
파란 물고기의 이상한 여행
파란 물고기
산책하는 물고기
물고기를 지킨 갈매기 할아버지
꿈꾸는 고래 아이딘
쿠르트씨, 물고기를 타고 떠나다
작은 물고기의 꿈
물고기와 달팽이의 이야기
물고기가 사라진 세상
알고 보면 더 재미있는 물고기 이야기
알락달락 나비고기
고래 뱃속의 요나와 벌레
물고기 세상
나란히, 물고기, 고양이
바다 탐험대 옥토넛
릴리안의 물고기
은빛 물고기
방울방울 뽀글뽀글, 물고기 방귀
행복한 물고기
물고기가 좋아
바닷물고기 덩치
물고기랑 놀자!
빅피쉬
아주 영리한 물고기
큰 물고기와 작은 물고기
새우와 고래는 어떻게 친구가 되었을까?
무지개 물고기와 신기한 친구들
용기를 내, 무지개 물고기!
호기심 많은 꼬마 물고기
무지개 물고기와 흰 수염 고래
무지개 물고기
물고기는 물고기야!
알록달록 물고기
무지개 물고기야, 엄마가 지켜 줄게
꼭꼭 숨어라, 무지개 물고기
앨과 작은 물고기 로로
하늘로 날아간 물고기
물고기라고 상상해봐요
형제 꼬마 세모 물고기
열려라! 물고기 나라
어린이 물고기 비교 도감
고래가 뛰는 이유
도와줘요, 고래 여왕님!
물고기와 바람과 피아노
하늘을 나는 고래
고양이 아저씨와 꼬마 물고기
빨간 물고기를 따라간 날
그 많던 고래는 어디로 갔을까
물고기도 아프다!
물고기와 고양이
빨간 물고기 홍이
물고기와 함께한 탈출
아기 물고기 하양이 시리즈(영문판)(전 4권)
알류샨의 마법
기차와 물고기

물고기가 나오는 동화책에서 대표적인 "무지개 물고기"란 작품에서 비늘을 떼어 주는 장면은 비늘마다 작은 집게를 이용하여 칼집을 낸 물고기 몸에 고정시켰다가 하나씩 빼 주면 된다.

이미지 샘플

2

양말을 활용한

손가락 인형 [1]

난이도

준비물

- 스티로폼 볼
- 다양한 폼폰
- 고무줄
- 다양한 펠트지
- 문고리 커버
- 그 외 액세서리(눈 알—없으면 펠트지로 제작 가능)
- 양말
- 어묵 꼬치나 튀김 젓가락
- 다양한 색의 양모 펠트 털
- 접착제(본드나 글루건)
- 칼, 가위

양말, 스티로폼 볼, 다양한 폼폰, 튀김 젓가락만으로도 예쁜 인형을 만들 수 있다.

1

스티로폼 볼에 튀김 젓가락이나 어묵 꼬치를 끼운 뒤 양말을 씌우고 고무줄로 묶어 준다.

2

위 사진은 문고리 커버이다. 작은 인형을 원한다면 의자 발 커버를 이용해도 좋다.

3

머리에 씌우고 눈, 코, 입
만들면 끝!

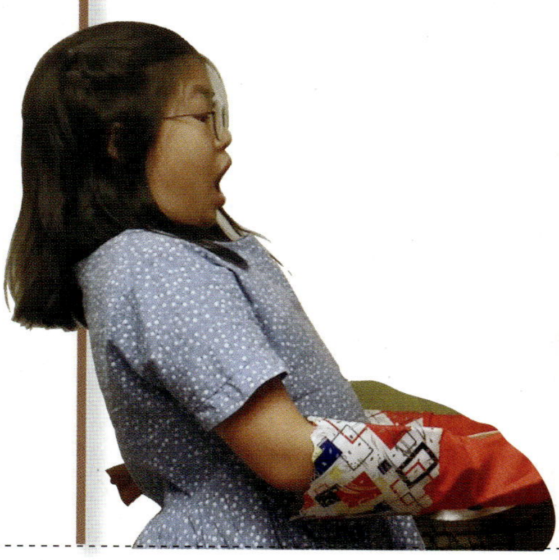

간단요약

1. 재료 준비
2. 스티로폼 볼에 양말 씌우기
3. 문고리 커버 모자 씌우기
4. 눈, 코, 입 붙이기

4

손가락만을 이용한 다양한 연기

3

양말을 활용한

손가락 인형 [II]

난이도

준비물

- 스티로폼 볼
- 다양한 폼폰
- 모루
- 고무
- 다양한 펠트지
- 접착제(본드나 글루건)
- 가위, 칼
- 그 외 액세서리(문고리 커버, 눈알-없으면 펠트지로 제작 가능)
- 양말
- 실리콘 컵
- 어묵 꼬치나 튀김 젓가락
- 다양한 색의 양모 펠트 털

따라하기

1

양말과 스티로폼 볼, 그리고 늘어났다가 줄어드는 실리콘 컵을 준비한다.

2

먼저 스티로폼 볼에 튀김 젓가락이나 어묵 꼬치를 끼운 뒤, 양말을 씌우고 고무줄로 묶어준다.

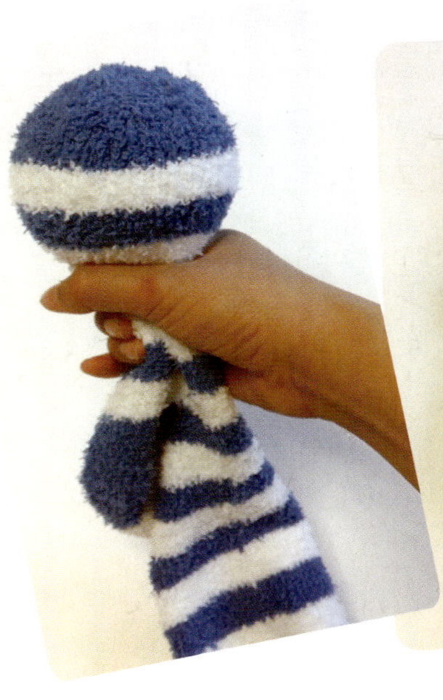

3

주홍 펠트지로 머리카락을 만들고, 모자는 실리콘 컵의 양쪽에 구멍을 뚫고 모루를 연결하여 머리와 고정시켜 준다.

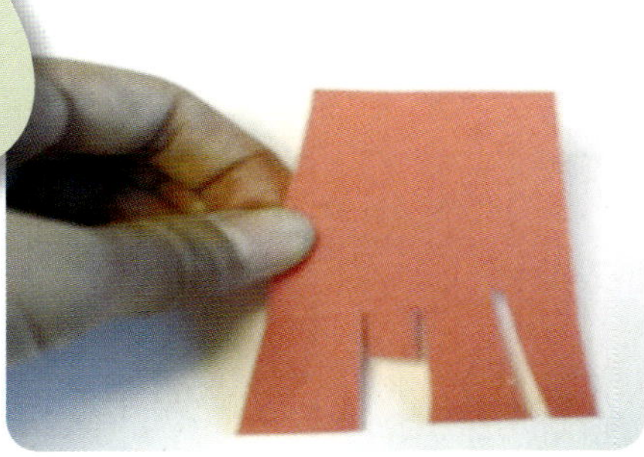

4
눈과 코,
입을 만들어
붙인다.

5
장대를 감싸고 있는
연기자의 손가락
두 개의 위치를
파악한 후 양말을
잘라 준다.

6

자른 구멍에 작고
귀여운 펠트지 손 장갑을
만들어 바느질로
고정시켜 주면
끝!

7

손의 움직임에 따라 귀여운 춤을 출 수도 있고, 장대를 이용하여 고개를 돌리는 등 위아래, 좌우로 자유로운 연기가 가능하다. 또한 액세서리인 실리콘 컵은 눌렀다 놓았다 하면서 다양한 인형의 모습을 연출한다.

간단요약

1. 재료 준비
2. 스티로폼 볼에 양말 씌우기
3. 실리콘 컵 모자 씌우기
4. 눈, 코, 입 붙이기
5. 인형 손 만들기

스토리텔링을 위한 활용서

꾀보 토끼와 얼룩덜룩 호랑이
아기 토끼의 잼 만들기
토끼 아저씨와 빨간 미끄럼틀
아기 토끼의 시끄러운 하루
짧은 귀토끼와 빵점 시험지
짧은 귀토끼
산토끼
토끼와 호랑이
토끼 청설모 까치
걱정 토끼 끙끙이
안녕, 달 토끼야
토끼 뻥튀기
토끼는 숨기쟁이
달토끼의 선물
팥이 영감과 우르르 산토끼
작전명 거대 토끼
흰 토끼와 검은 토끼
꼬마 토끼 오뽈라
토끼섬
곰 잡으러 간 토끼
달에 사는 토끼
토끼 당번
토끼와 자라
토끼와 거북
털북숭이 토끼야, 고마워
토끼 허키와 거북이 티미
버니큘라 1 – 드라큘라가 된 아기 토끼
불량 토끼 길들이기 대작전
로켓을 타고 간 토끼
토끼가 된 토끼
빨간 아기 토끼
우주비행사와 토끼
하얀 토끼가 되고 싶은 까만 토끼
깜북이 가방 안에 토끼 발
토끼 시계는 무슨 소리가 날까
파란 토끼가 있다고?
토끼의 친구는 어디 있지?
토끼집 카드
토끼가 궁금해
시골뜨기 토끼와 황금구두
토끼와 거북이, 두 번째 경주
산토끼와 악어 이야기
빨간 귀토끼
투덜이 토끼
내꿈은 토끼
우리들의 토끼님
옹기종기 굴토끼네, 따로따로 멧토끼네
작은 토끼의 빨간 점
하얀 토끼들
노란 토끼
벌레와 물고
아기토끼 날개책(전4권)
토끼
벨벳 토끼 인형
열두 달 토끼 밥상
내 스웨터야!
우리집에 놀러와
깜짝 놀랐지?
내가 가장 잘 생겼어
토끼 아저씨와 멋진 생일 선물
토끼와 거북이
콩이는 오늘따라 공차기도 재미없습니다
다이빙은무서워!
후와 하나와 소
토끼의 의자
아기 토끼 하양이는 궁금해!
토끼빵과 돼지빵
분홍토끼의 추석
마녀 위니와 우주 토끼
토끼와 자라
난 꼬마 토끼가 아니야!
꼬마 토끼 조지의 언덕
이리 굴에 도청기를 단 토끼들
토끼와 거북이의 세계일주
토끼와 호랑이
호박 속에서 자란 토끼
워터십 다운의 열한 마리 토끼 2
토끼도 저만큼 착한 풀을 뜯어먹고 산다
내 토끼가 또 사라졌어!
수학 이솝우화
내토끼 어딨어?
토끼골에서 만난 미련퉁이 산돼지
좀비펫 5 – 초조한 토끼의 요구
토끼와 함께한 그해

토끼는 화장품을 미워해
작은 토끼 마시멜로
토끼 하늘나라는 어디일까
토끼씨와 거북이양
까치와 호랑이와 토끼
느긋한 돼지와 잔소리꾼 토끼
토끼의 결혼식
토끼와 늑대와 호랑이와 담이와
토끼야, 토끼야
슈퍼토끼
행운 토끼와 불행 고양이의 대결
귀없는 토끼
토끼가 그랬어
토끼 페페가 굴을 파요
아기 토끼가 잠들 때
토끼와 원숭이
꾀주머니 토끼 조모
토끼와 거북이
녹두 할아버지와 토끼
학교에 간 토끼 마빡이
새끼 토끼
토끼 불알을 만진 노루
토끼 앞니
토끼 인형의 눈물
열다섯 마리의 토끼
까치와 호랑이와 토끼
어릿광대, 곰, 토끼의 모험
토끼 탈출
토끼의 소원
까만 토끼
책 도둑 토끼
내 사랑스러운 토끼 책
사각사각 토끼와 개골개골 형아
'아니'라고 말할 줄 모르는 토끼
사고뭉치 여우와 해결사 토끼
아기 캥거루와 겁쟁이 토끼
엉뚱한 꼬마 토끼 카르헨
아기토끼와 숨바꼭질
약은 토끼와 어리석은 호랑이
아기 토끼와 채송화꽃
토끼전
잘가, 토끼야
하늘에 뜬 돌토끼

꽃을 먹는 토끼
우리집 토끼
토끼들의 밤
삼형제 토끼
토끼전 · 두껍전
하늘이 왜 파란지 아세요?
폴로와 토끼들
줄다리기
황금별 토끼 찬찬이
비토섬의 전설
달려라, 토끼야, 달려!
토끼들
토끼와 나
맛있게 드세요! 토끼씨
토끼는 억울해!
토끼의 눈
토끼에게는 뛰는 것을 가르쳐라
나무를 심는 토끼들
누가 아기 토끼랑 놀아 줄까요
솜꼬리 토끼의 춤
토끼전
수탉을 이긴 깜동이 토끼
아기 토끼 책
토끼코는 왜 움쭐거릴까요?
토끼가 커졌어!
청소부 토끼
으악! 치과다!
메롱 크리스마스!
토끼전
아기 토끼 마시로의 크리스마스
어린이 토끼전
분홍 토끼야, 안녕!
솜고리 토끼는 어떻게 위험을 이겨낼까?
작은 토끼 책
토끼마티가 최고야!
거꾸로 토끼 토리
An Adventure with Billy Bunny–토끼 빌리의 모험
토끼
토끼가 버린 양파–표현

Tip

사실 이런 인형은 사람 인형과 동물 인형을 모두 만들 수 있다. 대표적으로 만들 수 있는 샘플들을 참고하며 인형을 만들어 보자. 샘플 인형은 양말을 활용한 손가락 인형 Ⅰ, Ⅱ를 활용하면 된다. 참고서적으로는 양말 인형에다가 펠트지나 부직포로 귀만 붙이면 가능한 '토끼 인형'을 주제로 하여 참고서적을 준비해 보았다.

이미지 샘플

4

슬리퍼 인형

난이도

잘 만들지는 못하더라도 정성이 깃들여 있고 나의 숨결을 불어 넣은 인형을 직접 만드는 것이 낫다. 그래서 이번에 제시하는 인형은 바로 슬리퍼 인형이다. 쉽게 손가락 인형의 형식을 가지고 부담 없이 인형을 만들고 싶다면 슬리퍼 손가락 인형 제작법을 추천하고 싶다.

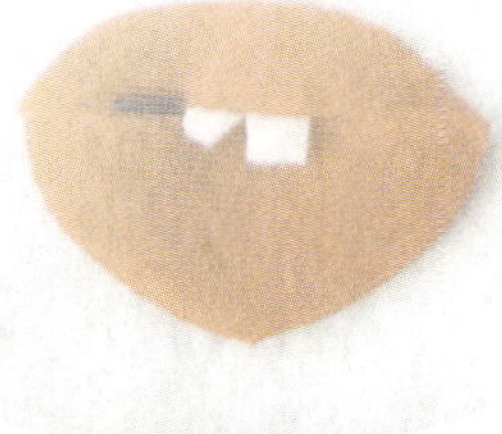

슬리퍼 인형의 장점은 다양한 얼굴 표현이다.

다음의 인형 얼굴 샘플에서 보다시피 예쁜 인형도 있고 못생긴 인형이 있을 것이다. 하지만 예쁘고 못생긴 것은 그리 중요하지 않다. 앞서 말했듯이 인형극에서 놓쳐서는 안 될 눈의 교감(EYE-CONTACT)이 안 된다면 그 인형은 죽은 것이나 다름없다. 아이들에게 무섭게 보이려고 눈을 크게 한다거나 눈썹을 진하게 하거나, 만화에 나오는 눈망울이 큰 인형, 짱구 인형처럼 그냥 흰자 없는 검은 눈동자는 아이들과의 교감을 방해하는 것들이다. 또한 눈 위에 바로 눈썹이 나거나 이상한 색의 동공, 흰자와 검은 동공의 위치가 바뀐 것들, 초점 없는 눈 또한 피해야 한다.

이러한 시행착오를 줄이기 위해 편안하면서도 안정적인 눈을 만드는 것은 인형극에 있어서 제일 선행되어야 할 것이다.

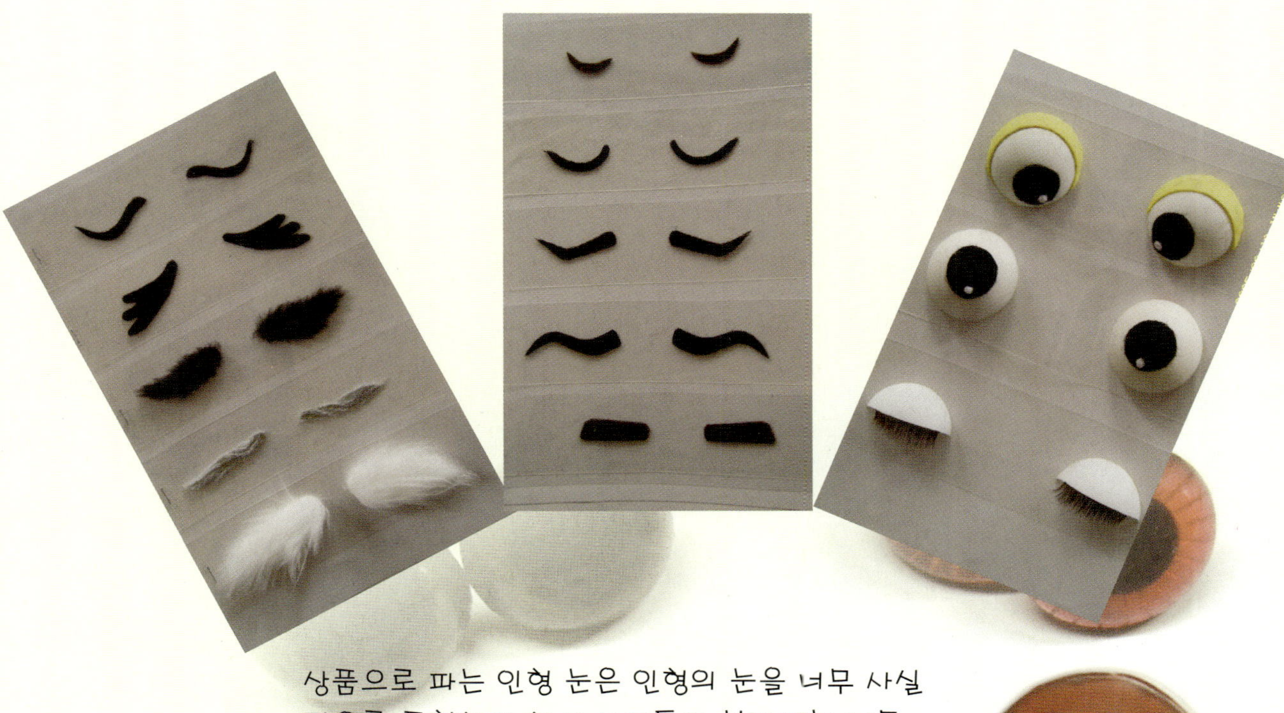

상품으로 파는 인형 눈은 인형의 눈을 너무 사실적으로 표현하게 하여 아이들이 보기에는 너무 무섭게 표현될 수 있다. 이 책에서는 인형에 어울리는 인형 눈을 직접 만들어 보고, 눈과 눈썹의 샘플들은 필자가 집필한 『장대인형 제작법과 연기론』(조윤진, 2006)을 참고하기 바란다.

슬리퍼 인형 만들기 [1]

난이도

준비물

- 슬리퍼
- 타래 털실이나 다양한 색의 양모 펠트 털
- 접착제(본드나 글루건)
- 옷 자투리천
- 칼, 가위
- 실, 바늘
- 다양한 펠트지
- 다양한 색의 폼폰
- 그 외 액세서리

따라하기

1

가정용으로 실내에서 신는 얇은 슬리퍼를 선택한다.

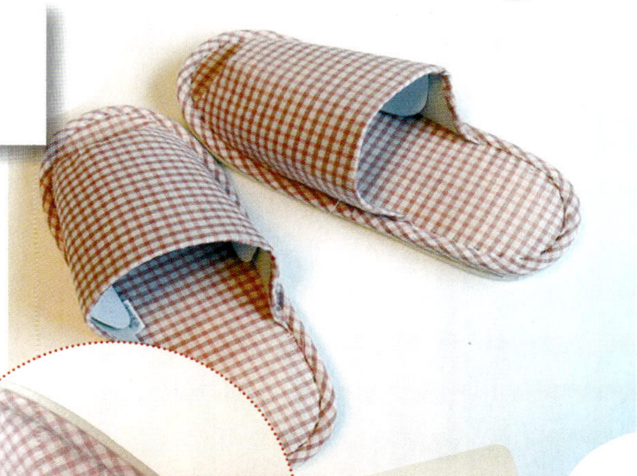

2

사진과 같이 네 손가락이 들어갈 수 있도록 슬리퍼의 양쪽 부분을 가위로 잘라낸다.
빗금으로 처리된 부분만 접착제를 칠해 얼굴 부분을 고정시켜 준다. 그리고 나서 옷을 입힌 다음 얼굴의 아랫부분을 옷 천과 고정시켜 주면 된다.

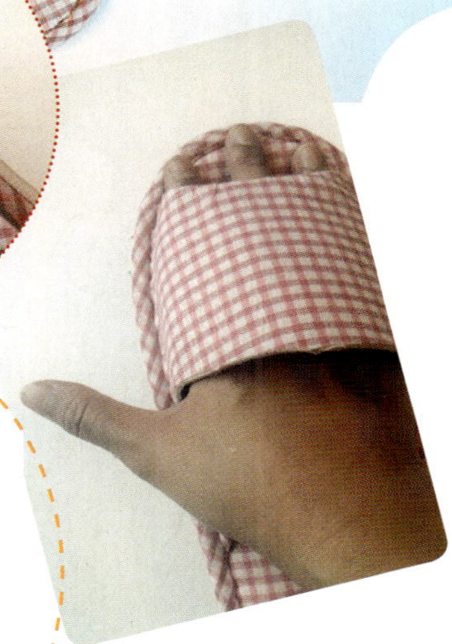

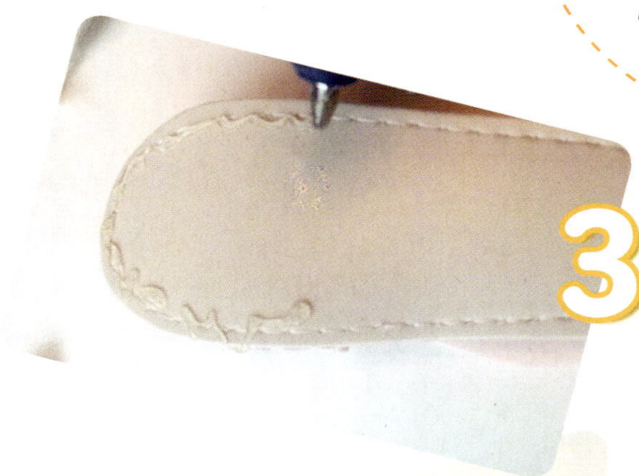

3

인형의 얼굴을 만들어 주기 위하여 신발 바닥의 사이즈와 같은 타원형 얼굴 모양의 부직포를 오려 주고, 얼굴의 반만 슬리퍼와 고정시켜 준다.

Tip

동대문 종합상가 5층 액세서리점에서 구입 가능하다. 이때 사용되는 펠트 털은 인터넷으로 주문 가능하다. 자세한 것은 필자가 쓴 『탈 인형 제작법과 연기론』(조윤진, 2008)의 '재료 부분'에서 확인할 수 있다.

4 인형 눈과 눈썹, 그리고 콧수염을 붙여 준다.

5 이 양모 펠트 털은 일반 털실처럼 한 올 한 올 되어 있지 않고 뭉쳐진 털처럼 되어 있기 때문에 좀 더 따뜻한 느낌의 머리나 수염 부분을 표현하는 데 적당하다. 하지만 털이 빠질 수 있기 때문에 본드나 글루건으로 붙이기 전에는 반드시 재봉을 하거나 바느질을 해 줘야 하며, 더 간단하게 하기 위해선 고무줄로 끝을 묶어 주는 것이 중요하다.

6 아래 턱수염은 고무줄로 끝을 묶은 다음, 묶은 부분을 아래로 꺾어서 턱 위치에 붙여 주고 다시 앞으로 내려 준다. 그리고 수염 끝은 가위로 잘라 정리해 준다.

7

목 부분과 아랫단 부분은 뚫어 주고 슬리퍼를 집어넣는다.

8

자투리 천에 옷을 아래 그림과 같이 디자인한 후 머리 부분과 아랫단 부분, 그리고 인형 손이 들어갈 부분을 제외하고 나머지는 바느질을 해 준다.

9

뒤쪽은 슬리퍼가 덮일 정도까지 옷을 올려서 고정(접착)시켜 준다.

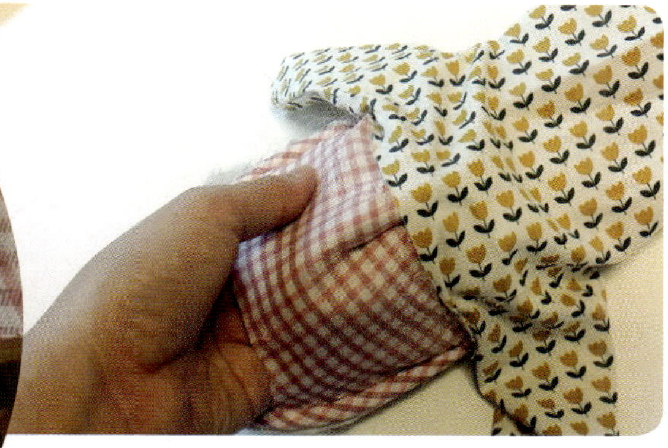

10

앞쪽 옷천은 부직포 얼굴 아랫부분으로 들어가 고정시켜 주고, 얼굴 부분을 내려 붙여 준다.

11

양모 펠트 털의 가운데 부분을 고무줄로 묶어 준다.

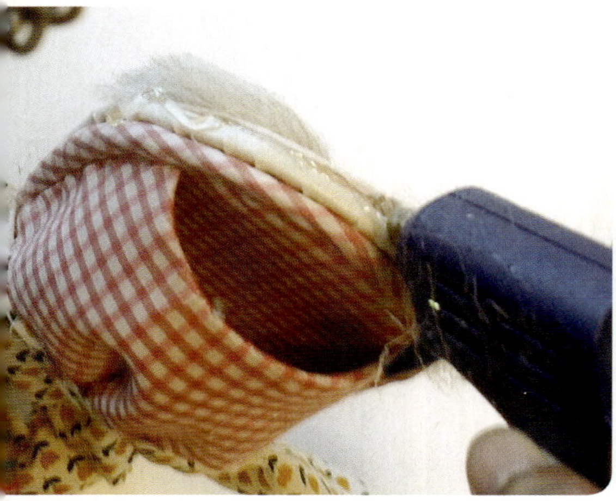

12

슬리퍼의 윗부분의 외곽에 글루건을 붙이고 고무줄로 묶었던 앞머리를 고정시킨다.

13

슬리퍼의 뒷부분을 펠트 머리카락으로 고정시키고 슬리퍼를 덮어 준다.

14

턱수염의 아랫부분을 옷 위로 정리하고 강하게 접착시킨다.

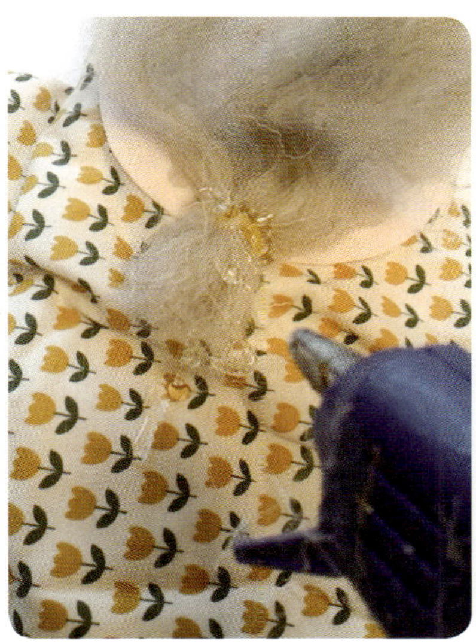

15

그림과 같이 준비한 손 디자인을 벙어리장갑이 되도록 바느질을 해 준다. 두 개의 펠트를 겹쳐 연기자의 손가락이 들어가는 벙어리장갑을 만들어 보자. 인형 손은 아래 부분을 좀 길게 만들어 연기자의 손가락이 쉽게 들어갈 수 있도록 해 준다.

손가락이 들어가는 부분만 제외하고 나머지 부분은 바느질해 준다.

16 손 장갑의 아랫부분만 접착제를 바른 후 옷과 고정시켜 준다.

17 벙어리장갑의 속 부분은 나중에 연기자의 손이 들어갈 수 있도록 하고, 벙어리장갑 외곽은 옷과 고정시켜 준다.

18 할아버지의 느낌을 더욱더 살리고 싶다면 작은 소품만으로 그 느낌을 극대화시킬 수 있다. 소품은 작은 강아지 모자나 앞에서 언급한 동대문 종합상가 5층의 각종 부자재 상가나 유아 교구교재점에서 구입할 수 있다.

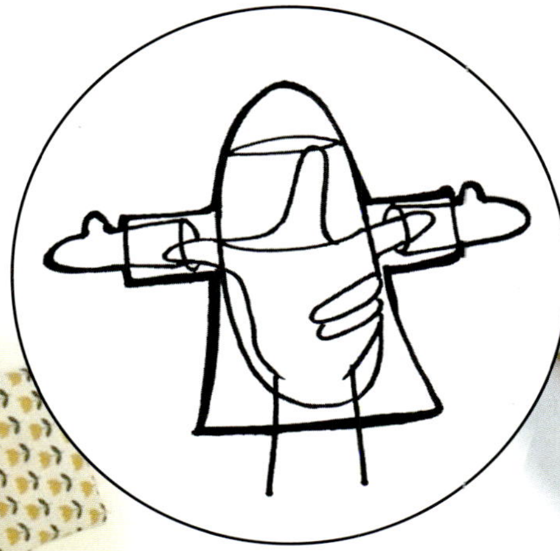

19

손가락 인형으로 변신한 슬리퍼 인형. 이 인형은 한 손으로 연기가 가능하지만, 연기자의 왼손은 슬리퍼의 아랫부분의 몸통을 잡아 지탱해 줄 수도 있다.

간단요약

1. 재료 준비
2. 슬리퍼 옆 부분 자르기
3. 부직포 얼굴 만들기
4. 펠트 털 머리카락, 수염 만들기
5. 옷 입히기
6. 벙어리장갑 손 만들기

스토리텔링을 위한 활용서

광복군 할아버지가 들려주는 태극기 이야기
하늘나라로 간 우리 할아버지
늑대 할배 산밭 참외 서리
노아 할아버지의 침대
옆집 할아버지 관찰일기
할아버지가 하는 일은 언제나 옳아요
할아버지는 내 친구
할아버지의 낡은 타자기
할아버지는 할아버지야!
혹부리 할아버지
할아버지의 비밀
사냥꾼 할아버지의 겨울 손님
할아버지 손
나무 할아버지와 버섯 마을
올리와 할아버지의 신나는 주말 모험
물고기를 지킨 갈매기 할아버지
할아버지, 이젠 사랑한다고 말할 수 있어요
괜찮아요 괜찮아 3
할아버지 손은 약손
광복군 할아버지가 들려주는 태극기 이야기
조지 할아버지의 6 · 25
만두와 방콕 할아버지
작고 빨간 물고기
모이메 할아버지와 나
아모스 할아버지가 아픈 날
할아버지 요강
수염 할아버지
할아버지는 요리사
우리 할아버지가 꼭 나만 했을때
할아버지와 숨바꼭질
할아버지가 우리 집에 왔어요!
단군 할아버지
달걀을 품은 할아버지
할아버지와 모자
사막 할아버지의 선물
휘파람 할아버지
프라이팬 할아버지
할아버지의 천사
할아버지 나무
할아버지는 수레를 타고
욘 할아버지
산타 할아버지의 휴가
우리 할아버지
강아지똥 할아버지
쿨쿨 할아버지 잠깬 날
나무 의사 큰 손 할아버지
약초 할아버지와 골짜기 친구들
사자와 할아버지
허허 할아버지
할아버지의 뒤주
우리 할아버지
난쟁이 할아버지의 집짓기
이재룡 할아버지, 297시간 만에 귀를 뚫다!
조아조아 할아버지
할아버지의 빨간 손수건
테오필 할아버지의 숨겨진 보물
할아버지 양복 입고 있어요?
우리 할아버지입니다
이종환 할아버지의 꿈
흰 수염 할아버지의 딸기
할아버지의 하모니카
비아조 할아버지
할아버지의 꽃밭
벌 할아버지
봉암리 아이들과 신호등 할아버지
유령이 된 할아버지
할아버지는 편식쟁이
고물상 할아버지와 쓰레기 특공대
주머니쥐 할아버지가 들려주는 지혜로운 고양이 이야기
산타 할아버지가 올까요?
안나와 할아버지와 눈보라
할아버지의 비밀 선물
망태 할아버지가 온다
나의 보물은 할아버지야
산타 할아버지가 우리집에 못 오신 일곱 가지 이유
찰리가 할아버지를 만난 날
눈 미끄럼 타는 할아버지
내가 돌봐 드릴래요 우리 할아버지
할아버지는 바람 속에 있단다
저승으로 간 우리 할아버지

윤석중 할아버지와 함께하는 속담 여행
행복한 이티 할아버지
우리 할아버지는 106세
떠돌이 할아버지와 집 없는 아이들
똥 할아버지는 못 말려!
멋쟁이 우리 할아버지
할머니, 할아버지랑 오래오래
녹두 할아버지와 토끼
목마 할아버지
안토니오, 구스만 할아버지의 비밀을 밝히다
할아버지! 나무가 아프대요
이티 할아버지 채규철 이야기
톡톡 할아버지
우리 할아버지는 북촌 뻥쟁이
궁금한 건 못 참아 1 – 신선 할아버지 구출 작전
할아버지의 붉은 뺨
배나무 할아버지
이주홍 할아버지가 들려주는 팔도 옛이야기 1
– 경상 · 전라 · 충청 · 제주 · 서울
이주홍 할아버지가 들려주는 팔도 옛이야기(전 2권)
조한알 할아버지
무에타이 할아버지와 태권 손자
길모퉁이의 짐 할아버지
빨간 코 할아버지와 파란 코 할아버지
할아버지와 요술 지팡이
할아버지를 만났어요
매일매일이 명절날만 같아라
오줌싸개가 정승판서가 되었다네
얼씨구절씨구 풍년이 왔네
괴나리 봇짐 지고 세상 구경 떠나 보세
쉬운 사회 그림책 1–할아버지 댁에 놀러가요
톨스토이 할아버지네 헌책방
체리 나무 할아버지
할아버지에게 무슨 일이 있는 걸까?
뭐든지 재는 할아버지
할아버지의 등대
산타클로스 할아버지 어디 계세요?
우리 할아버지 이인성
티모시 할아버지는 모으기를 좋아해요
부엉이와 할아버지
할아버지의 모자
할아버지가 보내는 편지
할아버지 아주 어렸을 적에
할아버지 곰의 목도리 이야기
꽃씨 할아버지 우장춘
안녕 할아버지
할아버지의 선물
새를 부르는 할아버지
불만을 모으는 할아버지
나쁜 회사에는 우리 우유를 팔지 않겠습니다
책 귀신 망태 할아버지
채소 할아버지의 끝나지 않은 전쟁
할아버지의 발톱
할아버지의 벚꽃산
할아버지의 탈
에더 할아버지와 두무클
산을 사랑한 산할아버지
외로운 산타 할아버지
꽃 할아버지의 선물
흙돼지 할아버지네 집
할아버지를 기쁘게 하는 12가지 방법
이이화 역사 할아버지가 들려주는 관혼상제 이야기
이이화 역사 할아버지가 들려주는 천문학 이야기
이이화 역사 할아버지가 들려주는 집 이야기
이이화 역사 할아버지가 들려주는 그릇 이야기
이이화 역사 할아버지가 들려주는 인쇄 이야기
이이화 역사 할아버지가 들려주는 명절 이야기
이이화 역사 할아버지가 들려주는 발효 이야기
이이화 역사 할아버지가 들려주는 도깨비 이야기
할아버지 방패
할아버지의 아주 특별한 여행
노래하기 좋아하는 할아버지
할아버지의 할아버지는 어떻게 살았을까?
산타 할아버지는 어디로?
이이화 역사 할아버지가 들려주는 뒷간 이야기
이이화 역사 할아버지가 들려주는 지킴 이이야기
훈이와 장산곶 할아버지
할아버지, 밥먹어
기억을 잃어버린 여우 할아버지
행복을 그리는 할아버지

할아버지 힘내세요
스팟이 산타 할아버지 썰매를 찾았어요!
스팟이 할아버지댁에 갔어요
앵초의 노란 집, 괭이 할아버지
할아버지 하는 일은 틀림없어
할아버지의 지팡이
이야기 할아버지의 이상한 밤
봄을 찾은 할아버지
할아버지와 나
산타 할아버지가 보낸 편지
할아버지 농장
꼭두와 꽃가마 타고
우리 할아버지는 괴짜 요리사
두레실 할아버지의 소원
테우리 할아버지
벌렁코 할아버지 1-우리나라 동화모음집
수상한 할아버지
산타 할아버지 이야기
다니엘 할아버지의 동물 가족
사랑해요, 할아버지

Tip

가족 이야기, 동물들이 나오는 이야기 등 이미지를 바꿔서 제작하면 모든 이야기에 손쉽게 이용할 수 있다. 또한 산타 할아버지 분장도 가능하며 참고서적에는 할아버지에 대한 이야기를 예를 들었지만 꼭 할아버지가 안 나오더라도 이야기를 들려주는 매체로 활용 가능하다.

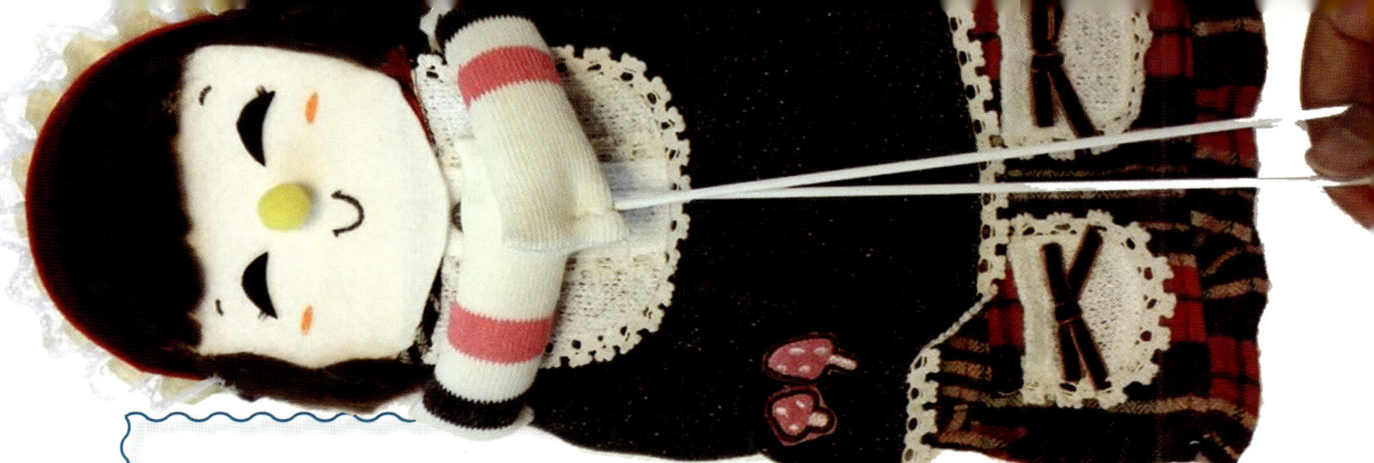

슬리퍼 인형 만들기 [II]

난이도

준비물

- 슬리퍼
- 타래 털실이나 다양한 색의 양모 펠트 털
- 접착제(본드나 글루건)
- 다양한 색의 폼폰
- 그 외 액세서리
- 펜치
- 구슬 솜
- 다양한 펠트지
- 옷 자투리천이나 강아지 옷
- 칼, 가위
- 철사 옷걸이
- 의자 발 커버

슬리퍼 인형을 두 손으로 연기하고 싶다면 손 철사를 이용해 손을 움직이게 할 수 있는 다른 제작법을 시도할 수 있다. 그리고 인형 제작에 있어서 제일 난관인 인형 의상은 요즘 다양하게 구입할 수 있는 강아지 옷을 통해 응용해 볼 수 있다.

Tip

준비한 강아지 인형 옷(슬리퍼 사이즈에 맞게 하려면 M 사이즈나 S 사이즈가 적당하다. 남대문 애완견 용품점이나 가까운 애완견 용품점에서 구입 가능하다.

따라하기

1

"슬리퍼 만들기 Ⅰ"과 같이 양쪽 옆을 자른 슬리퍼를 집어넣는다(35쪽 참고). 슬리퍼의 뒤쪽은 강아지 옷이 슬리퍼의 발등 부분까지 올라오도록 해 준 다음 본드나 글루건으로 고정시킨다.

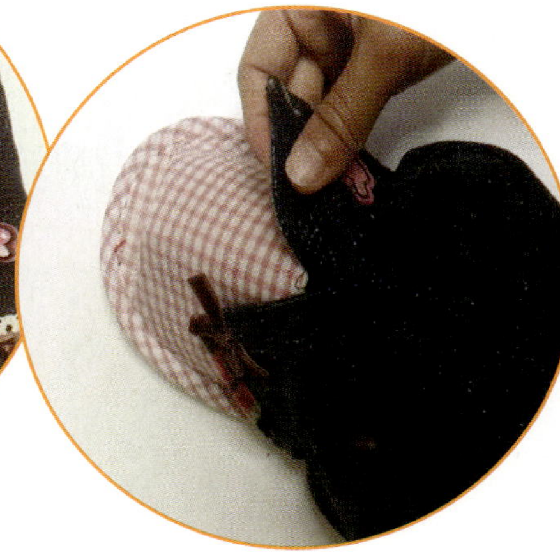

2

끝을 고무줄로 묶은 양모펠트 털을 인형 앞머리로 고정시킨다.

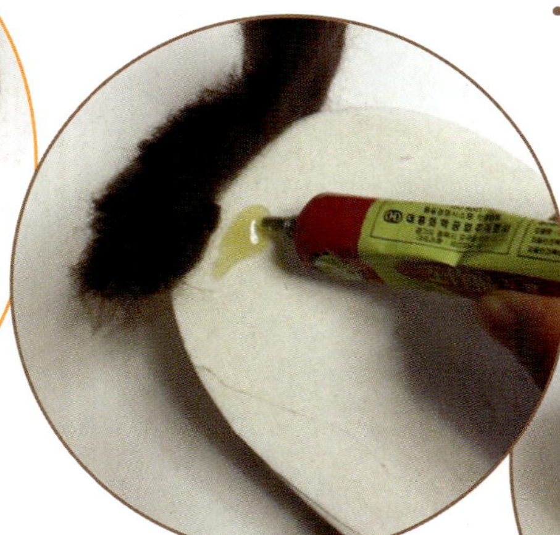

3

긴 머리 부분은 고무줄로 끝을 고정한 후, 슬리퍼의 외곽 부분과 뒤쪽 슬리퍼의 발등 부분까지 완전히 덮도록 접착시킨다.

TiP

더 확실하게 양모 펠트 털이 안 빠지게 하려면 가운데 부직포를 대고 아래와 같이 재봉질을 해 주면 된다.

4

머리 부분이 정리되었으면 액세서리로 머리를 장식해 주고 인형의 정감 있는 모습을 만든다.

5

의자 발 커버를 준비한다. 아래층 집을 위해 우리가 소음방지로 자주 쓰는 재료지만 우리는 여기서 인형 손을 만들어 보겠다. 의자 발 커버에 구슬 솜(동대문 종합상가 1층 솜 구입처나 인터넷 구입 가능)을 너무 가득 넣지는 말고 적당히 구부러질 정도로 넣어 준다.

6

준비된 손을 인형 양쪽 팔의 위치에 고정시켜 준다.

Tip

옷걸이 손 철사 만드는 법은 101쪽 참고

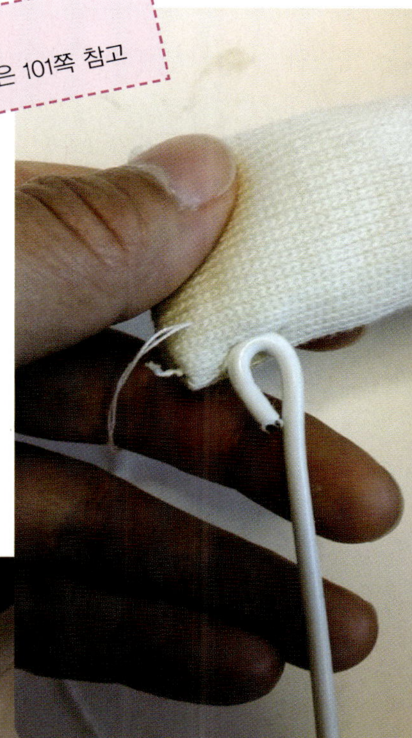

7

옷걸이로 만든 손 철사가 들어갈 부분에 살짝 칼집을 내고 손 철사를 안으로 깊숙이 집어넣는다.

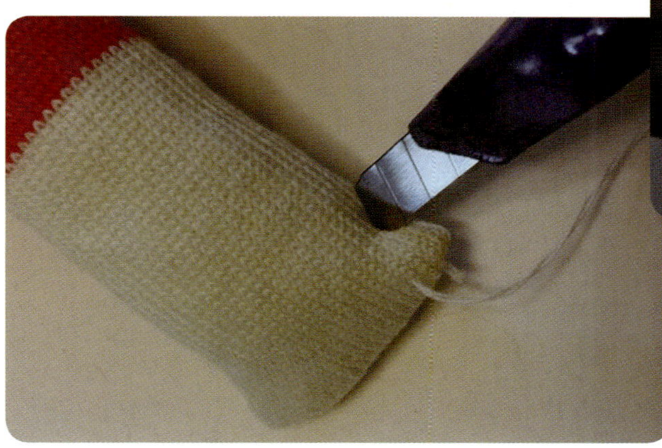

8

구부러진 손철사의 동그란 끝부분 안쪽을 통과하면서 실로 고정시켜 준다.

손을 만들었을 때와
안 만들었을 때의 비교 모습

TIP

양모 펠트 털을 이용하거나 아크릴 털실을 이용하여 머리카락을 만들 수 있는데, 이때 아이디어만 있으면 더 예쁜 인형을 만들 수 있다. 다양한 샘플 이미지를 보고 모든 인형에 적용해 보자 .

샘플 얼굴 이미지 참고!

간단요약

1. 재료 준비
2. 슬리퍼 옆 부분 자르기
3. 부직포 얼굴 만들기
4. 펠트 털 머리카락 만들기
5. 강아지 옷 입히기
6. 의자 발 커버 손 만들기
7. 손 철사 연결(철사 옷걸이)

이미지 샘플

손 인형

2

손 인형은 인간의 감정 이입에 훌륭한 매체이며 친근한 표현을 만들어 낼 수 있는 대표적인 인형이지만 현재 우리 나라에서 손 인형의 연기를 잘 하는 팀을 찾아보기 힘들다. 예전에는 방송 연기자들도 A급, B급을 나누어 촬영을 할 정도로 손 인형의 연기는 연기자의 오랜 경력이 필요했다.

그래서 손 인형의 연기는 줄 하나로 인형의 감정을 담아내고 인형을 움직여야 하는 줄 인형 연기 다음으로 힘들다. 그럼에도 불구하고 아마추어들이나 일반인들은 손 인형을 연기하기 쉬운 인형으로 오해하고 착각한다. 심지어는 연기 지도를 받지 않는 일반인들이 상품으로 파는 장갑형 손가락 인형을 손 인형으로 잘못 알고 구입해 연기하는 경우가 있다. 아마추어들이 말하는 인형은 장갑 인형이나 손가락 인형극이라고 지칭한다.

손가락 인형이나 장갑(포대기) 인형에 조그마한 소도구들을 끼워서 연기하는 인형극인데 즉, 스티로폼 볼이라든가 장갑에 얼굴을 그리거나 장난감 인형의 머리를 가운데 손가락에 끼우고 손가락 하나로 고개를 연기하고 몸통은 팔목이 된다. 그리고 나머지 손가락은 인형의 손으로 지칭하며 손가락을 움직여 춤도 추고 대화도 한다. 조금 더 발전하면 연기자의 손 전체로 입을 움직이고 인형 손에는 손 철사를 달아 손 연기를 할 수도 있다. 그라도 이 인형은 진정한 손 인형이라고 부르지 않는다. 단지 손가락 인형에서 조금 더 커진 인형이라고 말할 수는 있겠다. 이러한 인형극은 어린이집이나 유치원 종교단체 등에서 소규모로 많이 진행한다. 여기서 말하는 손 인형은 재활용을 이용하여 만들어진 손 전체가 입이 되어 움직이는 손 인형을 지칭한다. 전문적인 손 인형이 아니고 쉽게 만들 수 있고 다양하고 빠르게 활용할 수 있는 손 인형 제작법이라 생각하면 되고 전문가의 제작법은 『손 인형 제작법과 연기론』(조윤진)에서 확인하면 된다.

1

난이도

고슴도치 걸레 인형

난 도

준비물

- 실리콘 오븐 장갑
- 발 걸레 한 쌍
- 칼, 가위
- 실, 바늘
- 접착제(본드나 글루건)
- 그 외 액세서리
  (눈, 코, 없으면 펠트지로 제작 가능)

예쁜 오븐 장갑이 실리콘 재질로 되어 있는 것을 본 적이 있을 것이다. 인형극을 오래한 필자는 이 실리콘 오븐 장갑이 재활용 인형을 쉽게 만드는 데 있어 제일 손쉬우면서 간단한 재료라고 생각한다. 이처럼 우리 주위를 자세히 살펴보면 나만의 멋진 인형으로 만들 수 있는 좋은 재료들이 많이 있다.

1

실리콘 오븐 장갑과
단순한 모양의
눈알을 준비한다.

2

먼저 얼굴 부분에 눈과 코를 붙여 준다. 실리콘 재질은 미끄러워서 눈과 코가 그냥 붙지 않으므로 인형 부속품 가게(동대문 종합상가 5층 액세서리점)에서 눈과 코 뒤에 있는 고정캡 부분을 이용하여 단단히 고정시켜 준다(꼭 이러한 재료를 이용하지 않아도 된다. 없으면 필자가 제시하는 디자인의 분위기와 비슷하게 부직포로 코와 눈을 만들어 붙여도 좋다).

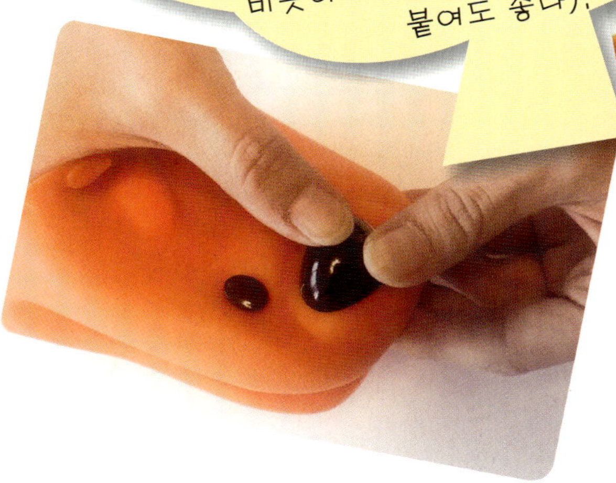

눈과 코를 붙이기 전에 칼집을 내어준다.

3

눈과 코를 고정시켜 주고 나면 고정시킨 부분의 끝이 튀어 나와 손이 들어갔을 때 손에 걸려 불편할 수도 있다. 이럴 때에는 자투리 천이나 펠트지로 그 부분을 커버해 준다.

4

발 걸레 한쪽은 그냥 그대로 쓰고 다른 하나는 뒤집어서 고슴도치의 배를 표현할 것이다.

발 걸레를 뒤집은 모습

5

두 개의 발 걸레를 서로 이어 주고, 실리콘 얼굴과 발 걸레는 바느질로 이어 준다. 이때 고무로 된 재질이 찢어질 수 있으므로 실리콘 안쪽에 천을 미리 붙여 준다.

6

귀여운 고슴도치 인형 끝!

간단요약

1. 재료 준비
2. 실리콘 오븐 장갑 얼굴에
   눈, 코 붙이기
3. 발 걸레 바느질로 고정하기

스토리텔링을 위한 활용서

안개 속의 고슴도치
내 사과 파이 누가 먹었지?
고슴도치의 멋쟁이 모자 가게
고슴도치 X
고슴도치가 궁금해
아기 고슴도치야, 어디어디 사니?
고슴도치 아이
고슴도치의 알
고슴도치야, 무얼 보니?
고슴도치 해티
고슴도치 요요가 몸을 둥글게 말아요
고슴도치 ㄱㄴㄷ
아무 것도 하지 않는 하루
생일날의 약속
고슴도치와 아기곰
고슴도치의 열두 달 이야기
농부 조지 아저씨와 고슴도치
고슴도치 꼬슬이가 밤송이가 되었네
내 친구 고슴도치
고슴도치의 아기 사랑

난이도

기존 봉제 인형 활용법 [1]

준비물

- 기존 봉제 인형
- pp 파일이나 책받침
- 칼, 가위
- 실, 바늘
- 접착제(본드나 글루건)
- 양말
- 다양한 펠트지

쇼 윈도우 위에 있는 예쁜 인형을 움직이는 인형으로 만들고 싶다면 기존 봉제 인형을 활용한 제작법을 시도해 보자. 하지만 모든 인형이 손 인형으로 변신할 수 있는 것은 아니다. 곰이나 토끼 등 입이 튀어 나오지 않는 인형은 손 인형을 제작하고 연기하는 데 어려움을 겪는다. 하지만 입이 많이 튀어 나온 새나 강아지 악어 같은 인형은 제작과 연기가 용이하다.

Tip

PP(Poly Propylene)의 약자로 가장 가벼운 플라스틱이라 할 수 있다. 지금은 구하기가 좀 어려워진 책받침 대신 PP 재질 파일의 겉면을 이용하여 여러 가지 활용을 할 수 있다.

따라 하기

1 먼저 입부분 봉제선을 칼로 뜯어준다.

2 엉덩이 부분도 봉제선 대로 잘라 몸통에서 적당량의 솜을 빼낸다.

3 양말을 이용해 인형 입까지 집어넣어 준다. 사실 이 작업은 안 해도 되지만 남아 있는 솜들이 빠져나오는 것과 연기자의 손에 직접 솜이 닿지 않도록 하기 위함이다.

4

양말로 연기자의 손이 들어갈 형태를 잡아 주고 양말의 위아래 부분을 인형의 윗입과 아랫입이 되게 각각 바느질로 고정시켜 준다.

5

위아래 입 부분에 PP 재질로 된 파일이나 책받침을 넣고 입 모양대로 오려 주고 본드로 고정시켜 준다.
이 작업은 입이 잘 움직이게 하면서도 입모양이 찌그러지는 것을 방지하기 위한 것이다.

6

고정 후 부직포로 위아래가 연결되어 있도록 입 안을 붙여 주고 마무리한다.

7

엉덩이 뒷부분의 통로 역할을 하는 양말을 인형 몸과 고정시켜 준다.

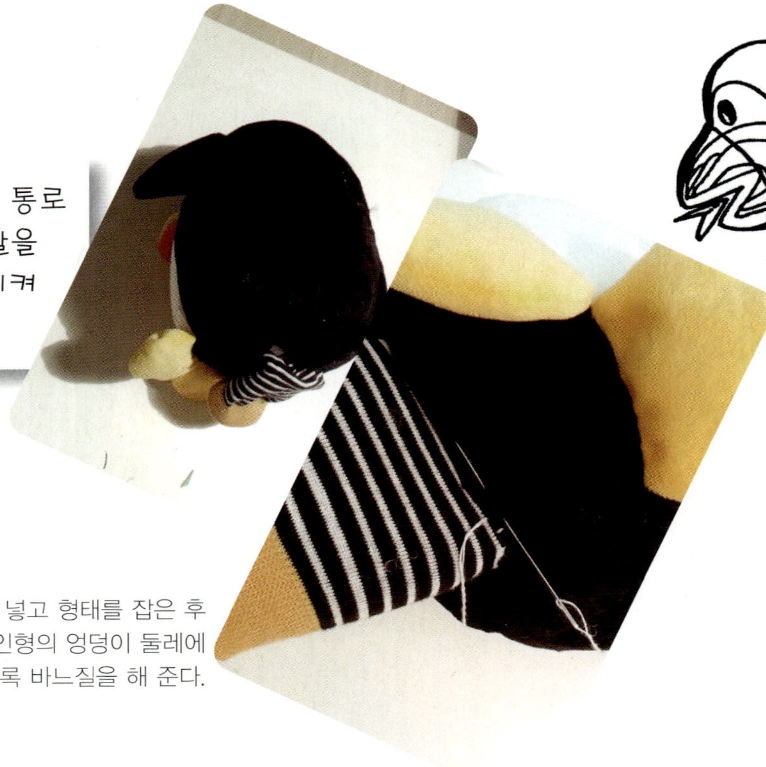

양말에 손을 집어 넣고 형태를 잡은 후 양말이 인형의 엉덩이 둘레에 고정되도록 바느질을 해 준다.

8

귀여운 펭귄 인형 완성!

간단요약

1. 재료 준비
2. 입 봉제선 뜯기
3. 엉덩이 봉제선 뜯기
4. 적당량의 솜 빼내기
5. 양말 관통시키기
6. 양말 바느질 – 입 부분 연기할 통로 만들기
7. pp 파일로 입받침대 만들기
8. 부직포 입 속 만들기
9. 양말과 몸통 고정하기

스토리텔링을 위한 활용서

펭귄 박사
로켓 펭귄과 끝내주는 친구들
아프리카에 간 펭귄 36마리
왜 펭귄은 북극곰과 함께 살 수 없을까?
펭귄은 왜 날지 못 하나요?
펭귄은 날 수 없어
파퍼씨의 12마리 펭귄
펭귄이 궁금해
카레라이스를 좋아한 펭귄
나, 펭귄 맞아?
펭귄의 잘못된 계약
펭귄 랄랄라
마법의 시간여행 40 – 황제 펭귄의 얼음왕국 펭귄 랄랄라
펭귄 이야기
무지개가 부러운 펭귄
펭귄 365
못 말리는 태키와 펭귄 사냥꾼
펭귄표 냉장고
마법의 시간 여행 40–황제 펭귄의 얼음왕국
펭귄
펭귄이 되는 이상한 약
펭귄이랑 받아쓰기
펭귄과 함께 쓰는 남극일기
뱃사람이 된 망쇼와 펭귄
펭귄 피트
펭귄 피트의 새 친구들
펭귄 피트와 패트
날아라 펭귄!
펭귄아, 남극에서 어떻게 사니?
아기 펭귄 쿠이코로
세상의 모든 펭귄 이야기
하늘을 나는 펭귄
북극곰 유리와 남극펭귄
펭귄과 컵 케이크
아기 펭귄 비분데
펭귄 이야기의 이야기들
현상 수배범 펭귄과 전자바지 소동
펭귄도 모르는 남극 이야기
알쏭달쏭 펭귄 탐정단
어기야디야, 펭귄 탐험대

Tip

펭귄을 이용한 제작법을 이용했지만 이러한 방식으로 입이 돌출된 모든 인형이 가능하다.

난이도

기존 봉제 인형 활용법 [II]

준비물

- 기존 봉제 인형
- pp 파일이나 책받침
- 펠트지
- 칼, 가위
- 실, 바늘
- 접착제(본드나 글루건)
- 다양한 펠트지

1

강아지 봉제 인형을
움직이는 인형으로
만들어 보자.

2

엉덩이 부분의 봉제선
부분을 뜯어내고 적당량의
솜을 빼낸다.

3

인형 입 부분의
봉제선도 함께 뜯어
준다.

뜯어낸 부분에 아래와 같은 모양의 책받침을 오려내어 입의 위아래에 붙여준다. 흐트러지지 않도록 접착제로 주변의 천 부분도 잘 정리해 준다.

위아래가 연결되어 있는 부직포로 입 안을 만들어 위아래에 붙여 주면 끝!

4

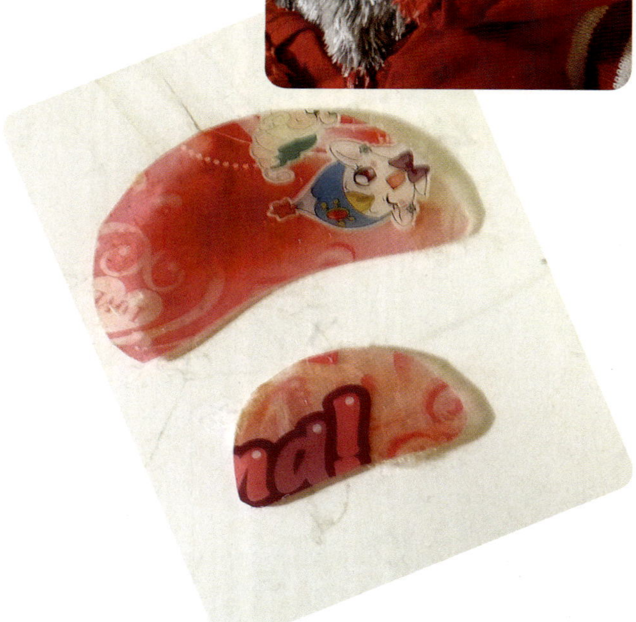

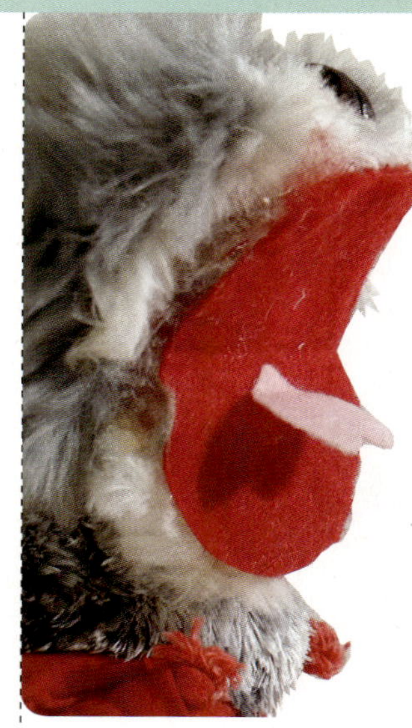

5

간단요약

1. 재료 준비
2. 입 봉제선 뜯기
3. 엉덩이 봉제선 뜯기
4. 적당량의 솜 빼내기
5. PP 파일로 입 받침대 만들기
6. 부직포 입 속 만들기

스토리텔링을 위한 활용서

솔로 강아지
강아지품에 안고
강아지
강아지가 생겼어요
루비와 흙투성이 강아지
골라맨 3-강아지를 찾아라!
개와 고양이
강아지 복실이
멋쟁이낸 시와 예쁜 강아지
훈이와 강아지
노래하는 강아지똥(CD 포함)
클럼버 강아지
19마리 개와 29마리 고양이
우리집 강아지는 늑대?
반가워 듀크
새끼 개
강아지가 된 칼렙
강아지 배씨의 일기
우등 버스와 강아지
만일 강아지에게 도넛을 준다면?
호기심쟁이 강아지팀
개는 농담을 하지 않는다
기적을 선물한 우리 개 모슬리
똥개 존, 늑대대장이 되다
강아지와 할머니
꼴찌 강아지
모르는 강아지가 따라와요
눈사람 아저씨와 눈강아지
세 발 강아지 종이배
꼼수 강아지 몽상이
나의, 블루보리 왕자
쫄쫄이 내 강아지
춤꾼과 강아지
기린 다리에 쉬를 한 강아지
어느 바닷가에 눈 먼 어부와 강아지가 살았습니다
강아지가 된 앤트
아줌마가 우리 엄마예요?
개와 고양이의 영웅
책 읽는 강아지 몽몽
개구쟁이 아치 13-간질간질 강아지풀
꾸러기 강아지 단추와 뭉치
강아지는 무섭지 않아
겨울 친구
철학 동화 행복한 강아지의 사계절(전 4권)
멍멍이 내 맘대로 키우기
멍멍이 두들스 돌보기
깜돌이, 튼튼하게 키울래요!
개구쟁이 해리-꽃무늬 옷은 싫어요
개와 고양이
강아지야! 넌어 떤 소리를 내니?
강아지가 갖고 싶어!
잃어버린 초록색 강아지를 찾습니다
강아지 주인을 찾습니다!
운이 좋은 강아지
내가 사랑하는 강아지 허니
노래하는 강아지 폭시
개와 고양이
나의 강아지 김치
강아지가 딱이야
멍멍 강아지
달 강아지
장님 강아지
나비 때문에
용감한 멍멍이 선장
사랑에 빠진 강아지
소피에게 강아지가 생겼어요
용감한 멍멍이 선장
용감한 양치기 개
개와 고양이
호두야!
강아지별에는 궁금이가 산다
생각 많은 강아지 몽상이
강아지 초코를 찾습니다
강아지 똥 밟은 날
강아지도 하늘을 날 수 있어요
내가 찾던 바로 그 강아지; 내가 찾던 바로 그 아이
내 친구 비밀 강아지
짖지 못하는 강아지
빨강 파랑 강아지 공
투명 강아지 아무개의 마법

멍멍이 호텔
강아지와 염소 새끼
우리 누나, 우리 구름이
세 발 강아지
넌 행복한 강아지야
얀의 엄청난 하루
빵 공장이 들썩들썩
강아지똥 권정생 동화의 꽃을 피우다
장화 신은 강아지
강아지 아른의 여행
오만방자 고양이
으르렁쟁이 강아지
내 이름은 몽몽이
우리 함께 날자!
외눈박이 덕구
강아지 왈츠
강아지는 어디로?
잃어버린 강아지
푸른 개
잃어버린 강아지
입 냄새 나는 개
강아지는 멍멍
강아지 나폴레옹
개와 고양이의 은밀한 시간
개와 고양이의 구슬 다툼
선생님의 개를 부탁해
강아지가 아니어서 기안해
호저찰리와 멍멍이 켈로
귀여운 강아지

막대 인형

3

막대 인형은 쉽게 만들 수도 있고 손 인형처럼 많은 연기가 필요하지 않으며, 아이들과 함께 쉽게 제작할 수 있다는 점에서 방과 후 프로그램으로도 적합하다.

18~30 페이지에 있는 양말을 활용한 손가락 인형도 막대 인형이라 말할 수 있다.

인형에 막대가 꽂혀 있는 인형은 도두 막대 인형이라 칭할 수 있는데, 기본적으로 막대가 인형의 중심을 잡아 주고 있기 때문에 연기하기가 쉬워 인형극 장르 중 제일 먼저 하는 초급 인형극 장르이다.

1

하하하 컵 아줌마 막대 인형

난 이 도
★

준비물

- 큰 일회용 컵
- 칼, 가위
- 다양한 펠트지
- 다양한 색의 모루
- 어묵 꼬치나 튀김 젓가락
- 접착제(본드나 글루건)
- 테이프

시원하게 웃음을 주는 막대 인형 컵 아줌마를 만들어 보자.

따라하기

1

먼저 큰 컵과 튀김 젓가락이나 어묵 꼬치를 준비한다.

2

막대기를 컵의 가장자리에 통과시킨 뒤, 컵 안쪽을 테이프로 단단히 고정시켜 준다.

3

두 컵을 포개어 입
안쪽에 댈 부직포를
그려 준다.

4

오린 부직포를 위아래가
이어지게 같이 붙여
주고 다른 액세서리들로
장식한다.

5

매력적으로 웃는 아줌마의 입술을 부직포로 표현한다. 액세서리들로 장식한다.

입술 모양 부직포를 글루건으로 붙인다.

6

머리카락이 되는 모루를 이용하여 인형 머리를 장식해 준다.

7
모루로 장식된 윗부분에
성글게 매듭진
양모 펠트 털을 얹어
주면 유쾌하게 웃는
하하하 컵 아줌마 인형
끝!

간단요약

1. 재료 준비
2. 컵 안에 막대기 고정하기
3. 두 개의 컵을 포갠 뒤
   뒤쪽만 고정시키기
4. 열린 앞쪽 부분을 부직포로
   입 만들기
5. 장식하기

Tip

이 인형은 다른 장치 없이 입을 열고 닫기를 반복하면서 웃는 연기를 하는 데 이용하면 된다. 아이들이 재미있는 이야기를 했을 때 긍정적 반응을 나타내 주는 데 쓰면 좋은 인형이다.

스토리텔링을 위한 활용서

에헴! 아저씨와 에그! 아줌마
뚱땡이 외계인 아줌마 부대의 음모
호호 아줌마가 작아졌어요
별똥별 아줌마가 들려주는 우리몸 이야기
호호 아줌마의 나들이
마법의 숲에 간 호호 아줌마
호호 아줌마가 작아지는 비밀
사각형 아저씨와 원 아줌마가 만나면?
떡볶이 아줌마의 자연탐구 생활
도와줘요, 빨래방 아줌마!
갈색 아줌마의 생일
초록 아줌마, 갈색 아줌마, 보라 아줌마
양동이 아줌마가 들려주는 날마다 행복해지는 이야기
깜둥 바가지 아줌마
싱글벙글 아줌마의 마법소동
피글위글 아줌마의 말썽쟁이 길들이기 4-
골칫거리 거짓말 대왕
별똥별 아줌마가 들려주는 화산 이야기
별똥별 아줌마가 들려주는 우주 이야기
별똥별 아줌마가 들려주는 공룡 이야기
별똥별 아줌마가 들려주는 지구 이야기
별나게 웃음 많은 아줌마

이미지 샘플

2

발레리나 숟가락 막대 인형

난이도 ★

준비물

- 숟가락
- 꽃받침
- 모루
- 펜치
- 양모 펠트 털 접착제(본드나 글루건)
- 칼, 가위
- 폼폰 큰 것
- 레이스
- 철사 옷걸이
- 다양한 펠트지

유아 교구점에 가면 문방구에서는 볼 수 없는 재료들이 눈에 띄곤 한다. 대부분 대량으로 팔지만 아이템을 잘 고르면 다양한 인형을 저렴한 가격으로 손쉽게 많이 제작할 수 있다.

따라하기

2

꽃받침 재료를 아래 폼폰에 끼워주고 접착제로 고정시킨다.

1

폼폰에 칼집을 내어 숟가락을 끼워 넣는다.

간단요약

1. 재료 준비
2. 숟가락에 폼폰 끼우기
3. 꽃받침대로 치마 만들기
4. 얼굴 장식하기
5. 펠트 털로 머리 장식하기
6. 모루로 팔 만들기
7. 철사 옷걸이로 팔 조종대 만들기

3

숟가락 앞부분에는 인형 눈을 붙이고 뒷부분에는 머리카락을 만들어 준다.

4

몸통 부분에는 모루를 연결시켜 손을 만들어 주고 철사 옷걸이를 이용하여 손 철사(만드는 법은 101쪽 참고)를 만들어 움직임을 줄 수 있도록 만들어 준다.

스토리텔링을 위한 활용서

- 정말정말 새롭고 재미있는 아홉 가지 요정과 공주 이야기
- 용감한 공주의 모험
- 장화 쓴 공주님
- 누구나 공주님
- 공주님과 완두콩
- 꼬마 요정 릴리 공주님
- 채마밭의 공주님
- 잠귀 밝은 공주는
- 도서관에 간 공주님
- 왕자님을 데려다 주세요!
- 공주님과 드레스
- 내가 진짜 공주님
- 완두콩 위에서 잔 공주님
- 꼬마 요리사와 칙보드 공주님

3 국자머리 소녀 막대 인형

난 이 도

★

준비물

- 국자
- 옷 모양 수세미(양말 천이나 자투리 천)
- 모루
- 스티로폼 볼
- 눈 재료
- 가위, 칼
- 다양한 펠트지
- 다양한 양모 펠트 털
- 접착제(본드나 글루건)
- 펜치
- 철사 옷걸이
- 레이스
- 다양한 색의 폼폰
- 고무줄
- 실, 바늘

이 인형도 같은 제작 방식으로 여러 인형을 만들 수 있다. 왕자나 공주 그리고 가족을 주제로 하는 모든 인형을 만들 수 있으며 동물 인형도 만들 수 있다.

1

스티로폼 볼을 천이나 양말로 감싼 뒤 고무줄로 고정하고, 머리카락을 붙이기 위해 접착제를바른다.

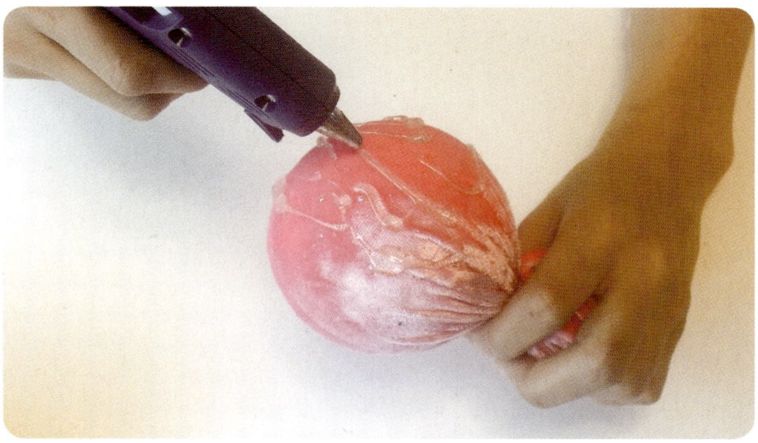

2

양모 펠트 털로 머리카락을 만들어 준다.

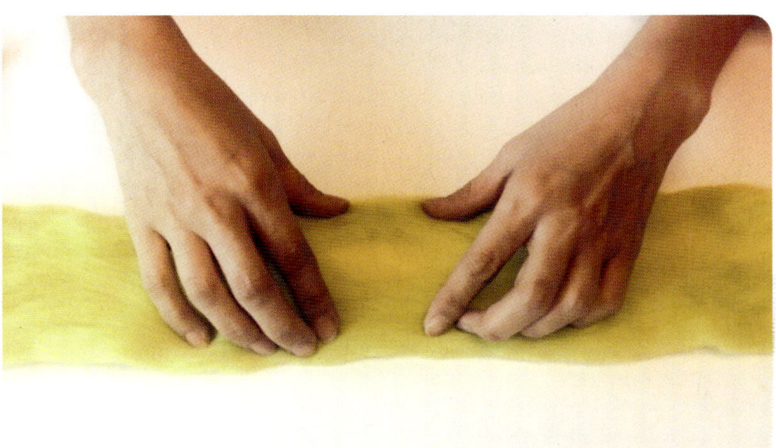

양모 펠트 털 머리카락을 고무줄로 묶는다.

3 국자 안쪽에 접착제를 바르고 인형 머리를 붙여 준다.

4 국자 주변에 레이스를 달아 장식한다.

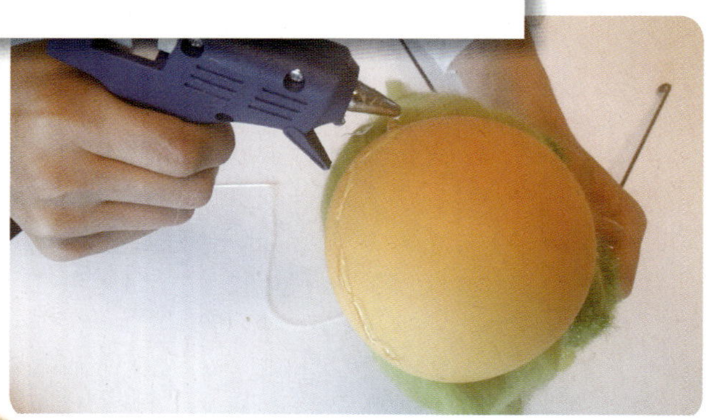

5 옷 모양의 수세미를 국자 자루 안으로 넣어 머리 부분과 이어 준다.

6 모루를 이용하여 팔을 만들어 준다. 수세미 옷 안으로 관통한 후 바느질 처리를 해 준다.

7 철사 옷걸이를 이용하여 철사 손을 만들어 준다.

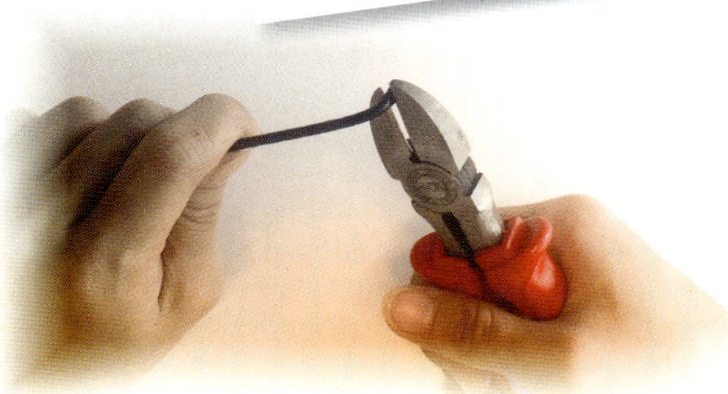

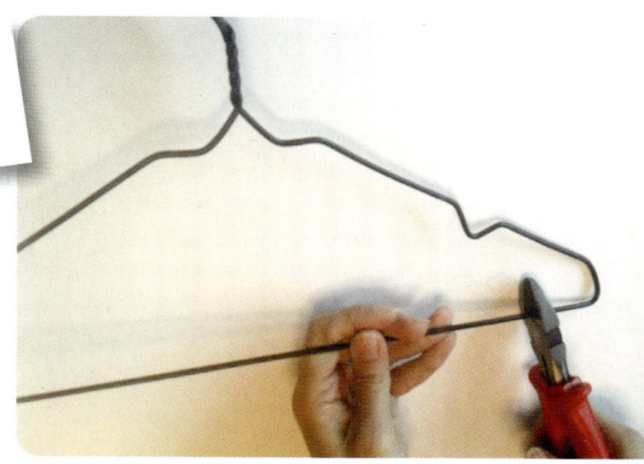

8 철사의 끝부분을 동그랗게 구부려 손이 다치는 것을 예방한다. 그렇지 않으면 옷걸이 윗부분에 있는 고무를 떼어낸 뒤 철사 손의 끝에 고정시켜 주면 된다.

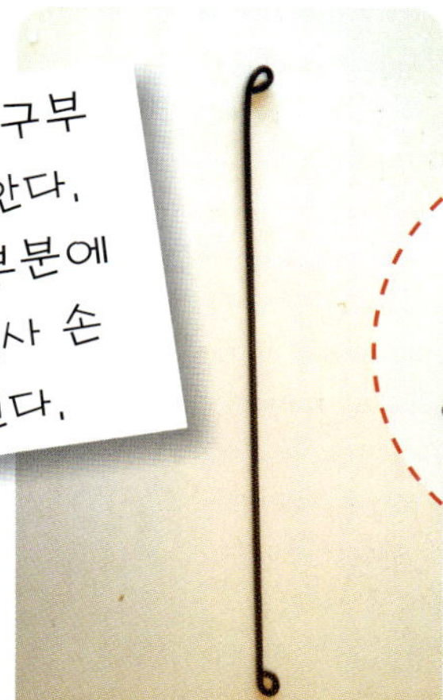

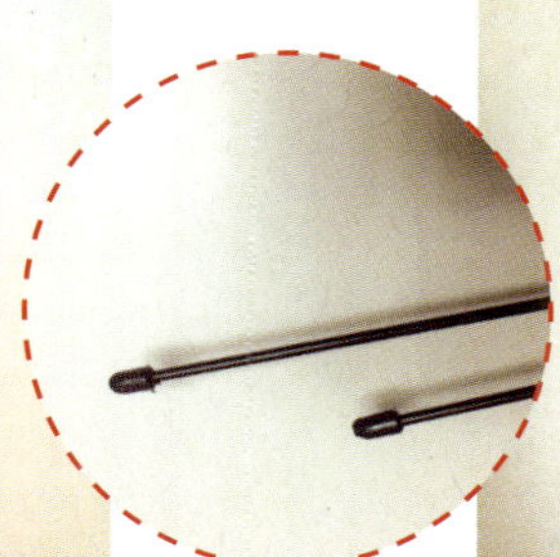

9 손 장식과 몸통과 손 연결 등을 마무리한다.

10 국자와 스티로폼 볼, 펠트 머리 옷 모양의 수세미만 있으면 간단한 국자 인형 완성!

간단요약

1. 재료 준비
2. 스티로폼 볼 얼굴 만들기
3. 국자 안쪽에 접착제 바른 뒤 얼굴 고정시키기
4. 머리 장식하기
5. 수세미 옷 붙이기
6. 모루로 팔 만들기
7. 철사 옷걸이로 팔 조종대 만들기
8. 손 장식과 몸통, 손 연결 등 마무리하기

이미지 샘플

4

확성기 막대 왕자 인형

난 이 도

준비물

- 확성기
- 어묵 꼬치나 튀김 젓가락
- 양말 천이나 자투리 천
- 레이스
- 가위
- 다양한 펠트지
- 다양한 양모펠트
- 접착제(본드나 글루건)
- 철사 옷걸이
- 다양한 색의 폼폰
- 파스텔
- 스티로폼 볼
- 고무줄
- 테이프, 눈 재료
- 펜치
- 모루

이 인형 또한 왕자는 물론 멋진 드레스를 입은 공주나 마법사로도 변신할 수 있다. 확성기 안쪽의 공간이 충분하므로 연기자가 연기하기에도 불편한 것이 없다.

따라하기

1

2

꼬치에 접착제를 바른다.

꼬치에 접착제를 발라 고정

플라스틱으로 만든 확성기를 준비한다.

스티로폼 볼에 살구 색 천이나 살구 색 양말 천을 씌우고 고무줄로 고정한다. 튀김 젓가락이나 어묵 꼬치에 접착제를 발라 고정시킨다.

3

튀김 젓가락이나 어묵꼬치로
고정한 스틱을 확성기 안으로
집어 넣고 테이프로
강하게 고정시킨다.

목 부분은 레이스로
장식해 준다.

확성기의 끈이 달려 있는 고리 부분에
모루를 연결하여 팔을 완성한다.

망토는 부드러운 재질로
유연하게 움직이는
천을 선택하면 좋다.

4

Tip

<난이도 下>라고 표시한 것은 이 인형은 꾸미기 나름이기 때문이다. 많은 장식을 하게 되면 인형은 중, 상위권으로 올라갈 수 있다.

인형의 망토 부분을 삼각형으로 잘라 모루로 된 팔과 고정시킨다. 팔 부분과 손끝까지 고정시켜 주어야 인형의 팔이 움직일 때 천이 함께 움직이게 되어 멋진 모습을 연출할 수 있다.

5

확성기의 아랫부분은 연기하는 연기자의 손을 가리기 위해 긴 레이스를 이용하여 장식해 준다(레이스 및 천 부속물은 동대문 종합상가에서 구할 수 있다).

6

양모 펠트 털 가운데를 고무줄로 고정시키고 끝부분을 잘라 주어 머리카락을 준비한다.

간단요약

1. 재료 준비
2. 스티로폼 볼 얼굴 만들기
3. 확성기 몸통에 얼굴 고정 시키기
4. 모루 팔 만들기, 옷 장식하기
5. 철사 옷걸이로 팔 조종대 만들기
6. 머리와 옷 장식하기
7. 얼굴 마무리 및 액세서리 마무리하기

7

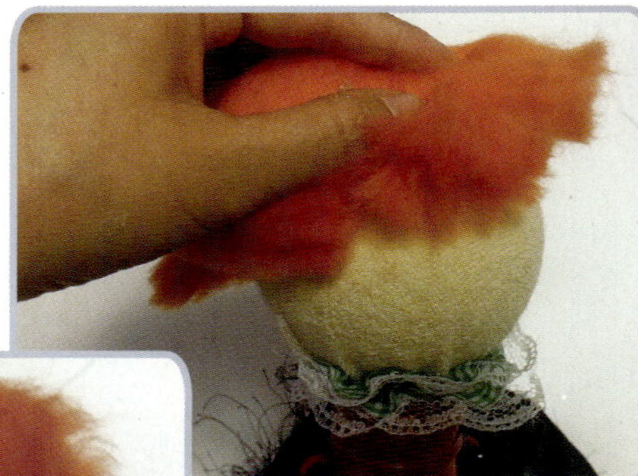

반짝이 펠트지도 동대문 상가나 유아교구점에서 구할 수 있다.

인형의 머리에 본드를 칠하고 양모 머리카락을 고정시켜 준다. 고정된 머리카락 위에 고깔 모양의 모자를 씌워 준다.

8

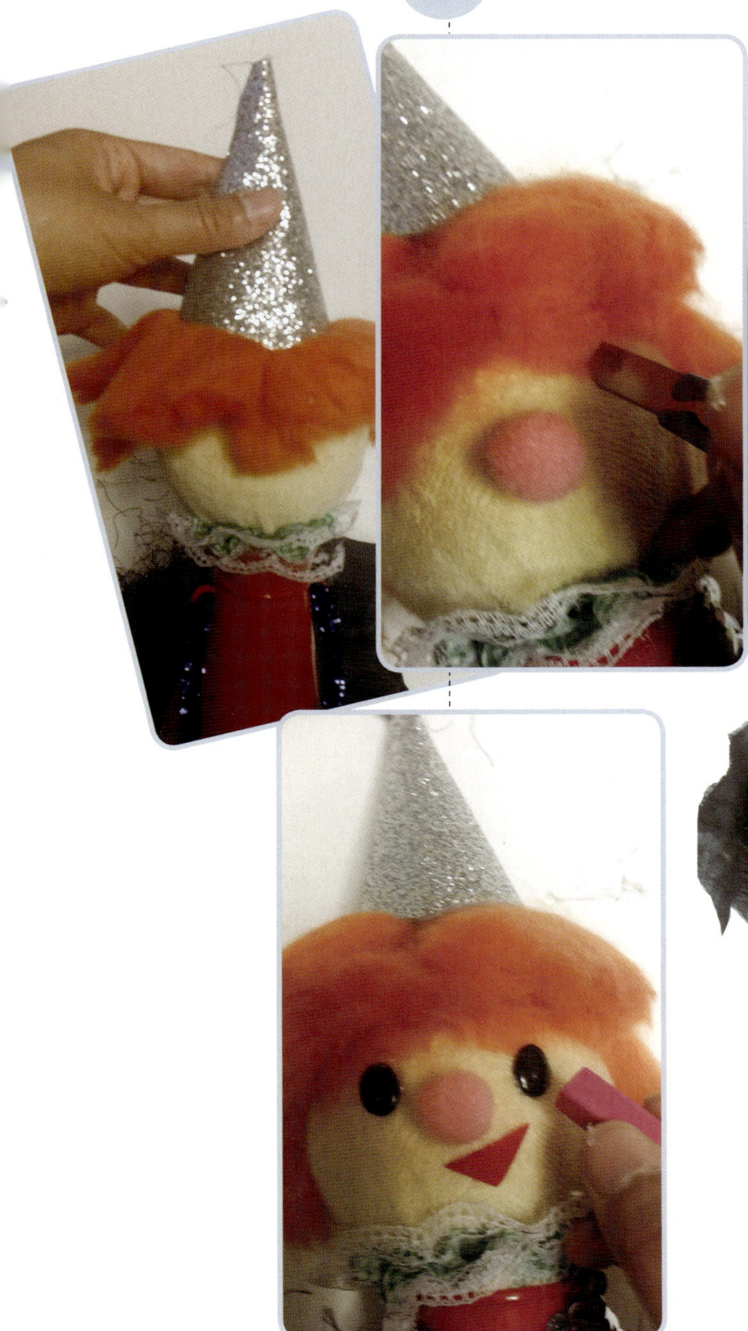

눈, 코, 입을 장식한 뒤
파스텔로 볼터치를
해 준다.

9

멋진 왕자 인형
완성!

스토리텔링을 위한 활용서

부마를 잡으러 간 두 왕자
뿌루퉁 왕국 방실 왕자
어린 왕자야, 친구랑 놀자!
어린 왕자야, 지구랑 놀자!
어린 왕자야, 인체랑 놀자!
개구리 왕자
저학년 어린 왕자
왕자와 거지
타미노 왕자와 마술 피리
큰 불 장군과 작은 불 왕자
깃털 왕자 개구리 공주
어린 왕자를 찾아서
어린 왕자
베니스의 왕자
구구단 왕자
꼭대기 왕자는 자동차를 좋아해
달빛 왕자가 디언즈의 탄생
콧구멍 왕자
하녀가 낳은 왕자
가짜 왕자
일등이 된 빨간 모자 꼴찌가 된 어린 왕자
구름 왕자 1
왕자님
하늘을 나는 어린 왕자-생텍쥐 페리의 삶
국화 마을의 어린 왕자, 모모
마차를 탄 나의 왕자님
왕자와 매맞는 아이
행복한 왕자
책 읽는 왕자
내가 만난 어린 왕자
외톨이 보쎄와 미오 왕자
폭풍 마왕과 이반 왕자
안 할래 공주와 다 할래 왕자
왕자님을 데려다 주세요!
어린 왕자와 함께 배우는 Point English
버릇없는 왕자님
오줌싸개 왕자
고마워요, 행복한 왕자
아홉 살에 읽는 어린 왕자
궁전을 떠난 왕자님
왕자 융과 사라진 성
눈나라에서 온 왕자
백조 왕자
어린 왕자와 사막에서 파도 타기
슬기의 왕자

이미지 샘플

Tip

같은 얼굴 같지만 수염을 붙여주면 다른 이미지로 변하게 된다.

5

위아래 삐에로 인형

난 이 도 ★

준비물

- 일회용 컵이나 2리터 페트병
- 양말
- 스티로폼 볼
- 어묵 꼬치나 튀김 젓가락
- 고무줄
- 자투리 스판, 장식용 머리끈
- 칼, 가위
- 모루
- 다양한 펠트지
- 눈 재료
- 다양한 양모 털
- 접착제(본드나 글루건)
- 다양한 색의 폼폰

양말과 스티로폼 볼을 이용하여
위아래로 움직이는 깜짝 삐에로를
만들어 보자.

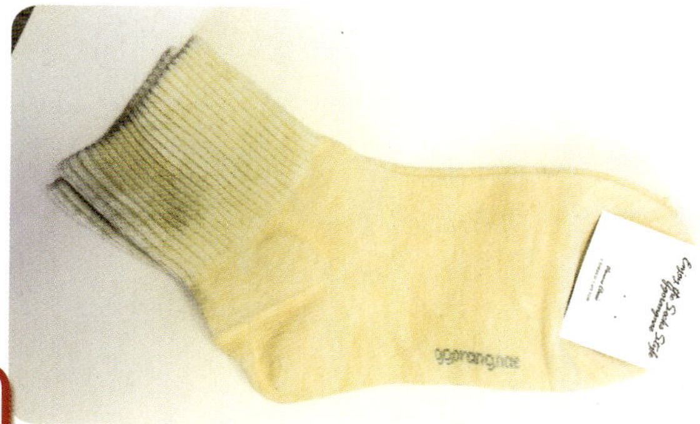

1

스티로폼 볼에 양말을 씌우고 고무줄로 묶은 다음 양말을 자른다. 위아래로 움직일 때 머리 부분이 빠질 수 있으므로 본드로 고정시켜 준다.

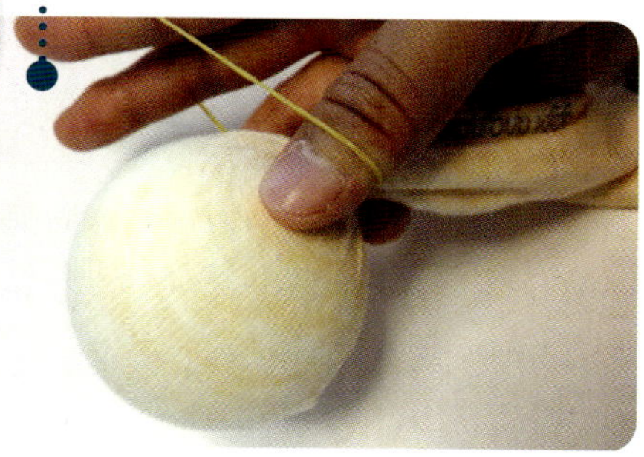

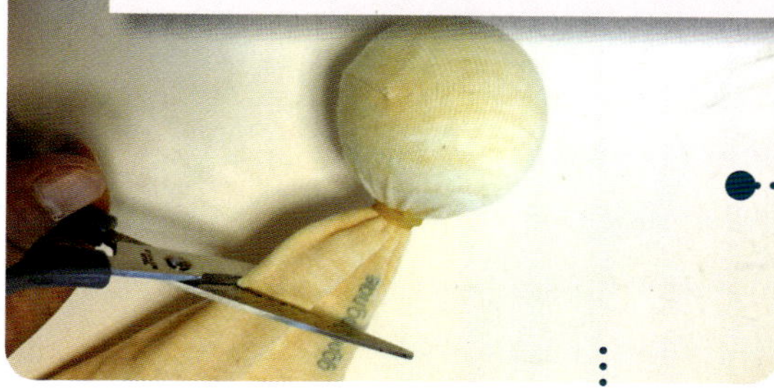

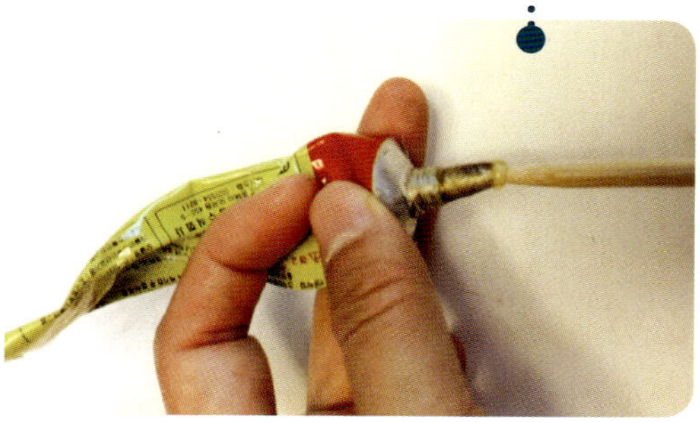

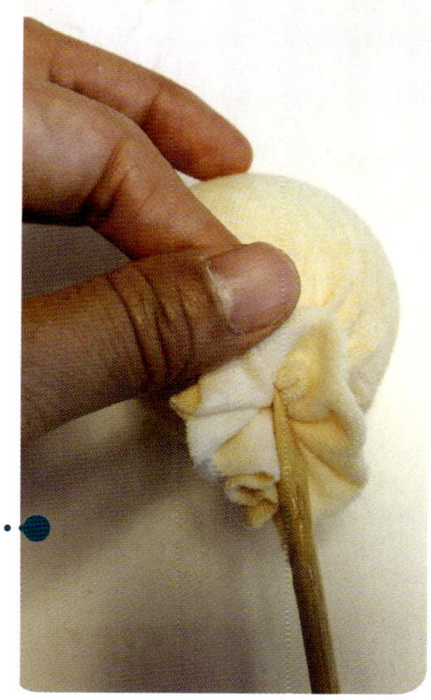

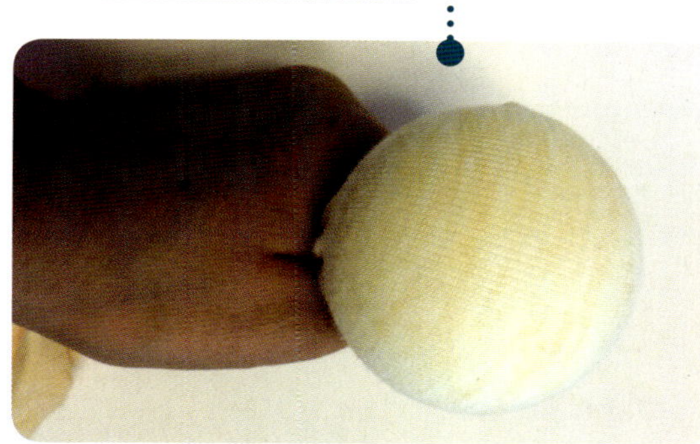

2

컵에 미리 구멍을 뚫어 놓고 천으로 감싸 준다. 컵은 아래와 같이 컵의 윗부분이 천으로 많이 남게 붙여 준다. 이때 쓰이는 천은 가벼운 느낌의 스판 천으로 너무 두꺼운 천을 쓰면 안 된다. 천의 두께가 너무 두꺼우면 컵 안으로 들어갈 수 없기 때문이다. 넉넉하게 연기를 하고 싶다면 컵이 아닌 페트병을 잘라 만들어도 된다.

3

막대기 윗부분은 얼굴이 되는 스티로폼 볼과 고정시켜 주고 막대기 아랫부분은 천과 함께 고무줄로 고정시켜 준다.
이때 아랫부분의 막대기는 너무 세게 고정시켜 주면 위아래로 움직이는 연기가 불가능하므로 움직임을 고려하고 적당한 세기로 고정시켜 준다.

머리를 꽂을 윗부분

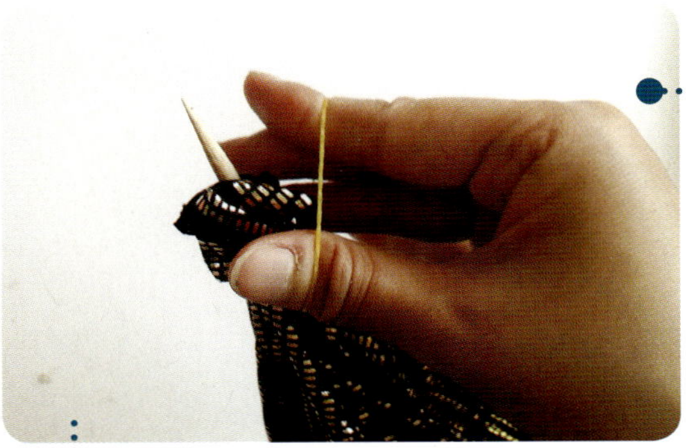

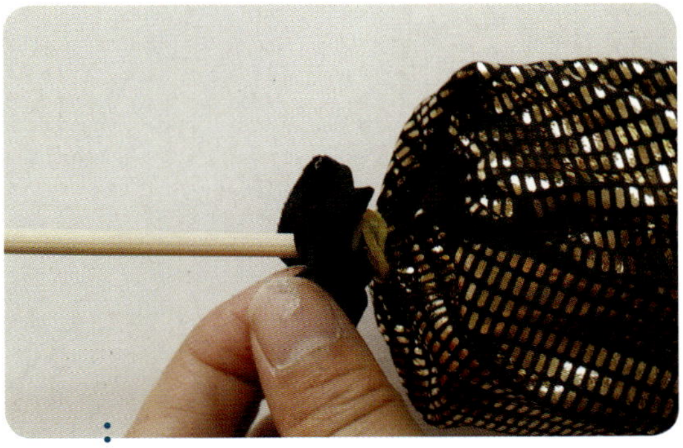

컵 아래 부분의 나무 막대기와
천은 고무줄로 고정시킨다.

막대기 끝에다가 접착제를
바르고 머리 꼬치를
스티로폼 볼에 고정시킨다.

4

여자 머리끈을 이용하여 목부분에 장식을 하여 삐에로 인형 느낌을 준다.

5

얼굴 장식을 하고 플라스틱 병의 윗부분을 잘라내어 모자를 씌우고 모루로 장식해 준다.

6

인형이 쏙 들어갔다가 나와 아이들을 깜짝 놀라게 만들 삐에로 인형 완성!

초등학생 작품

스토리텔링을 위한 활용서

어릿광대 니노
구구단 왕자
어릿광대 자코모
어릿광대의 모험
조그만 광대 인형
어릿광대, 곰, 토끼의 모험

Tip

이 인형도 사람 인형과 동물 인형으로 모두 활용할 수 있는 앞 장의 위의 다른 인형들의 이미지 예시를 참고하면 된다. 특히 아래 참고서적에 있는 '구구단 왕자' 같은 경우에는 구구단을 아이들과 함께 외우면서 인형이 나왔다 들어갔다를 반복하면 아이들에게 호기심과 더불어 재미있는 교재로 사용될 수 있을 것이다.

이미지 샘플

6

채반 시리즈 [1]
고양이 인형

난 이 도
★★

준비물

- 채반
- 고무줄
- pp 파일
- 접착제(본드나 글루건)
- 파스텔
- 스테인리스 거름망
- 스펀지 수세미
- 실, 바늘
- 다양한 펠트지
- O링
- 양말
- 낚싯줄
- 냄비 뚜껑
- 니퍼
- 칼, 가위
- 다양한 양모 털

채반 시리즈로 만들 수 있는 다른 인형들을 소개하겠다. 입을 움직이기만 하면 응용할 수 있는 여러 가지 인형들이 많다.

따라하기

1

양말을 입구부터 뒤꿈치 부분을 지나 양말 앞부분 코 있는 데까지만 잘라 준다. 단, 다 잘라 버리면 채반을 씌울 수가 없게 된다.

2

채반에 양말을 씌우고 고무줄로 끝을 묶어 준다.

3

주방 용품인 스테인리스 다시망을 산다.
차 티백 거름망도 괜찮다.

4

붙어 있는 거름망을 분리시킨다. 그리고 거름망 한쪽에 구멍을 내 준다. 칼로는 자를 수 없으므로 니퍼로 살짝 잘라 주고 구멍이 난 뒤 가위로 둥글게 잘라 준다.

5

그 위에 나머지 양말 한쪽을 씌워 준다.

6

마찬가지로 양말을 씌워 주고 고무줄로 묶어 준다.

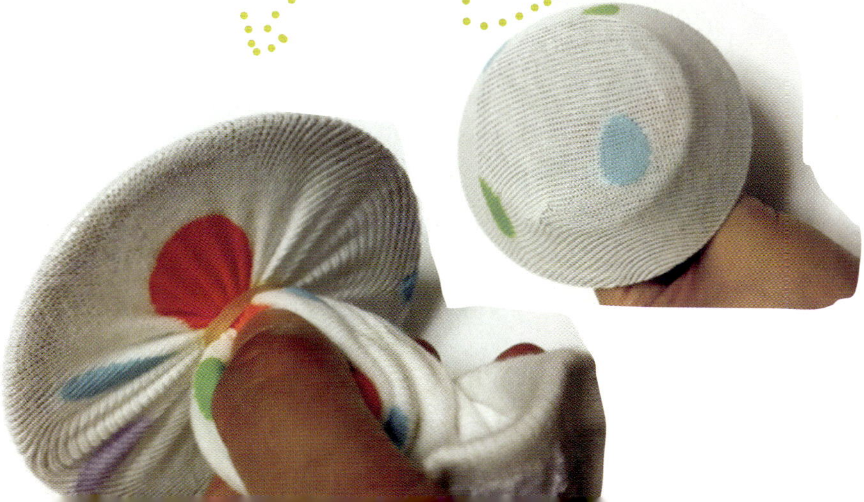

7

앞에서 구멍을 낸 곳을 찾아 가위로 작은 구멍을 내고, 냄비 손잡이를 뚫린 구멍 안으로 집어 넣어 준다. 안쪽 부분을 고정시켜 주면 간단하게 코가 완성 된다.

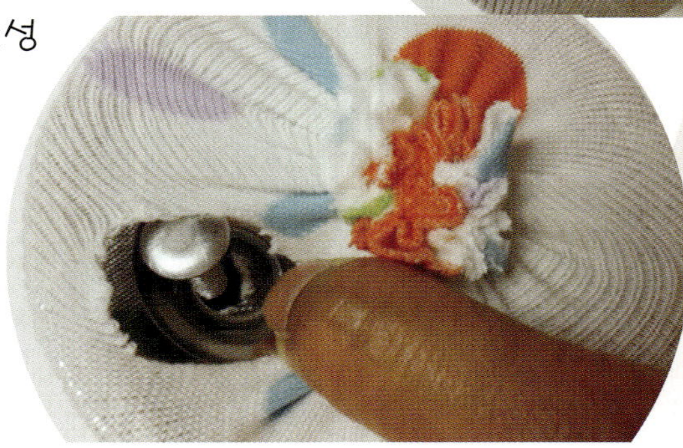

8

작은 거름망을 큰 채반 양말에 바느질로 단단히 고정시킨다.

9

스펀지로 된 수세미를 채반의 둥근 부분의 각도에 맞게 잘라 주고 붙여 준다.

10

고양이 특유의 날카로움을 강조한 눈을 만들어 본다. 가운데 부분에 검정 눈썹을 붙여 주면 선명한 눈을 만들 수 있다. 양쪽 눈을 비교해 보고 인형 캐릭터에 맞게 선택한다.

11

입을 움직일 장치를 마련한다. 앞에서도 언급했듯이 장치만 이용하면 어떤 인형에도 적용하여 입을 움직이게 만들 수 있다. 이번에는 인형 코에 걸면 되기 때문에 양쪽에서 고무줄 역할을 했던 우레탄 줄을 사용하지 않고 그냥 머리끈 고무줄을 이용하여 윗부분을 고정시키고 아랫부분에만 낚싯줄을 달았다.

입술 아랫부분에 낚싯줄을 달고
그 위에 컬러 EVA를 붙여 준다.

고무줄이 달린 입술을
코에 걸어준다.

간단요약

1. 재료 준비
2. 양말 자르기
3. 채반에 씌우기
4. 다시망에 구멍 내기
5. 다시망에 양말 씌우기
6. 냄비뚜껑 손잡이 달기
7. 바느질로 다시망과 채반 고정시키기
8. 수세미로 귀 만들기
9. 눈 만들기
10. 움직이는 입 만들기

낚싯줄을 O링이나
케이블 타이로 연결시켜
잡아당겼다 놓는다.

입을 안 움직일 때와 움직이는 모습

신도도서관 '아기 고양이의 꿈' 등장인물
–조윤진 연출/작

스토리텔링을 위한 활용서

고양이
비밥을 만든 고양이
새를 삼킨 고양이
고양이일까? 아닐까?
깜박깜박 잘 잊어버리는 고양이 모그
고양이는 무얼 보고 있을까?
꼬마와 커다란 고양이
검은 고양이 네로(양장본)
거위를 사랑한 고양이
달에 우유 가지러 간 고양이
호랑이와 고양이는…
잉잉 고양이
킬러 고양이의 일기
장화 신은 고양이
스무고개 탐정 2-스무고개 탐정
까만 고양이 하얀 고양이
고양이 소동
고양이
달을 먹은 아기 고양이
일곱 번째 새끼 고양이
고양이에게 말 걸기
들쥐 새각시는 고양이를 좋아해
개와 고양이의 영웅 플릭스
길고양이 방석
생쥐모 리츠와 붉은 고양이의 비밀
The Missing Cat(잃어버린 고양이)
고양이 엄마가 되었어요
개와 고양이
고양이 엄마가 된 아기 공룡
숲으로 간 고양이 마샤
고양이 스플랫은 유치원이 좋아!
천재 고양이 펜로즈의 수학 원리 대탐험
자기 색깔을 찾은 고양이
고양이네 음악회(CD수록)
고양이네 박물관
고양이네 도서관
고양이네 미술관
고양이 피터 멋진 내 단추 네 개
나는 고양이
초생이는 이동우 고양이다
하늘에서 내려 온 고양이
고양이 우체부의 비밀
백만 마리 고양이
매트에 앉은 고양이
주머니쥐 할아버지가 들려주는 지혜로운 고양이 이야기
야옹, 고양이 놀이
한밤중의 고양이 손님
까만 고양이가 우리집에 왔어요
고양이가 좋아해요
나는 고양이라고!
고양이
고양이 택시
미라가 된 고양이
우리는 고양이 가족
개와 고양이
고양이 네 마리 입양시키기
얼룩 고양이와 할아버지
앵거스와 고양이
고양이를 부탁해
행운 토끼와 불행 고양이의 대결
장화 벗은고양이
소방관이 된 고양이
내가 만난 이상한 고양이
고양이 마틴의 애완용 생쥐
사라진 고양이의 비밀
마녀 고양이 까밀로
에이프릴의 고양이
고양이가 찍찍
야옹야옹 고양이
물위를 걷는 고양이
하늘로 올라간 고양이
개와 고양이
집요한 과학씨 야생 고양이를 찾아가다
색깔을 만드는 아기 고양이
고양이 듀이
도서관 고양이 듀이
미술관 스타 고양이
샴고양이 스키피
돌아온 고양이
100만 번이나 산 고양이

고양이 전사들 5-위험한 길
책 만드는 마법사 고양이
게으른 고양이의 결심
고양이가 되찾은 파란 구슬
학교에 간 고양이 도우미
고양이 도우미
고양이 놀이할래?
삼색 고양이 캬라코
마술사를 울린 고양이
수염 없는 고양이
아기 고양이가 야옹
고양이가 나대신
고양이는 나만 따라해
나는 야베들레헴의 길고양이
오늘 넌 최고의 고양이
책 쓰는 고양이, 체스터
한밤의 고양이 극장: 삼국지 이야기
세상에서 가장 멋진 고양이
들고양이 노이
고양이 탐의 맛있는 나눗셈
나는 고양이
고양이가 기다리는 계단
길고양이 별이
갈색 고양이
마틸다네 고양이
수고양이 톰
고양이 아저씨와 꼬마 물고기
오만방자 고양이
햄스터 덩이와 고양이 리옹
고양이 학교
빨간 고양이, 짱
고양이와 아기곰
도둑 고양이 연구
자자 표도르, 말하는 고양이와 개
고양이 사령관
Jewel cat 고양이 핑크의 선물
미니와 고양이 마우츠
줄무늬 고양이 미우(전 4권)
아기 고양이가 놀이터에 갔어요
물고기와 고양이
고양이네 집 단장
고양이네 가족 주사 맞기
고양이네 점심
우리집에 온 길 고양이 카니
내가 사랑하는 동물 고양이
고양이에게 책을 읽어 줘!
올드 체셔 치즈 고양이
개와 고양이의 은밀한 시간
고양이 카노
개와 고양이의 구슬 다툼
1111 마리의 벼룩과 고양이

7

채반 시리즈 [II]
곰 인형

난 이 도

★★

준비물

- 채반
- 고무줄
- pp 파일
- 접착제(본드나 글루건)
- 파스텔
- 스테인리스 거름망
- 니퍼
- 칼, 가위
- 다양한 펠트지
- O링
- 양말
- 낚싯줄
- 냄비뚜껑
- 스펀지 수세미
- 실, 바늘
- 다양한 양모 털

1 채반에 씌울 양말을 준비한다. 여러 가지 양말이 가능하겠지만 인형 캐릭터에 맞는 양말의 색깔과 무늬를 선택하면 효과를 더 증대시킬 수 있다.

2 끝이 둥근 모양의 수세미를 골라 반으로 나눈 뒤 귀를 만들어 준다. 가운데를 파내기 위해 그림을 그려 준다.

3 그림대로 칼집을 낸다. 스펀지의 두께의 반 정도의 깊이면 적당하다.

4 칼을 눕혀서 슬라이드로 잘라내듯 편편하게 잘라 낸다.

5 파낸 속을 그대로 다른 귀에 엎어서 대고 그린 다음 똑같은 방식으로 파낸다.

6 고양이 제작과 똑같이 만들어 주고 (133쪽 참고) 귀와 눈을 제작하여 붙여 준다.

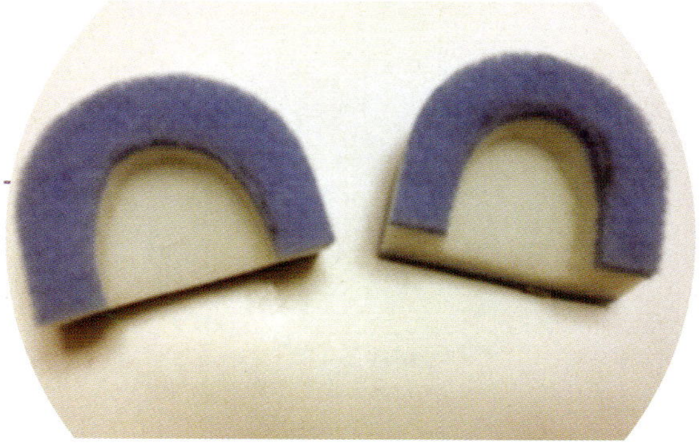

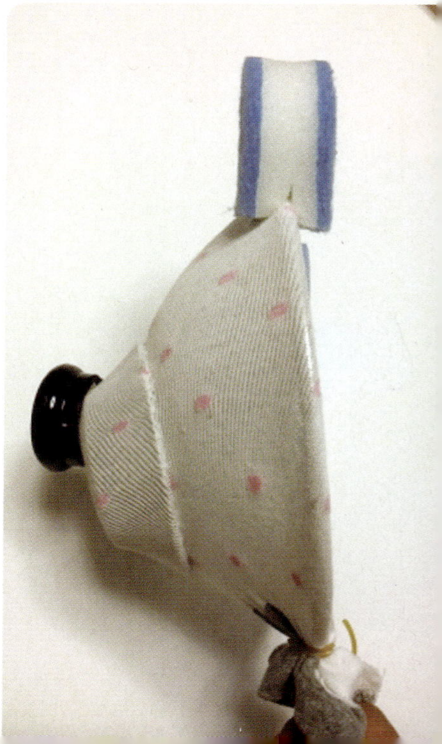

간단요약

1. 재료 준비
2. 양말 자르기
3. 채반에 씌우기
4. 다시망에 구멍내기
5. 다시망에 양말 씌우기
6. 냄비뚜껑 손잡이 달기
7. 바느질로 다시망과 채반 고정시키기
8. 수세미로 귀 만들기
9. 눈 만들기
10. 움직이는 입 만들기

입을 안 움직일 때 모습

입을 움직일 때 모습

스토리텔링을 위한 활용서

고양이
산돼지와 곰의 여행
흰 곰과 겨울 나무
나를 찾아온 북극곰
곰 아저씨의 소풍
곰 아저씨네 갓난아기
아기 곰아, 꼭안아 줄게
호야와 곰곰이의 세계지도 여행
곰이라고요, 곰!
곰이 된 아빠와 스트레스 선생
잠이 안 와요
이젠 아프지 않아요
곰곰이와 곰돌이
어디 있어, 곰돌아?/곰인형아, 왜 슬퍼?
북극곰을 살려주세요
곰돌이 푸우는 아무도 못 말려
곰의 아들 나라를 세우다
반달곰
왜 펭귄은 북극곰과 함께 살 수 없을까?
곰돌이 워셔블의 여행
헴록산의 곰
곰 잡으러 간 토끼
곰이 되고 싶어요
곰에게 들려 준 이야기
세계 여행을 떠난 아기곰 무크
아기 반달곰
금발 머리 소녀와 곰 세 마리
제시카와 곰돌이의 특별한 여행
겨울 잠을 잘 수 없었던 곰
곰의 신부
막난 할미와 로봇곰 덜덜
진짜 곰
그림자가 따라와요
무엇이 될까요
생일 축하해요
보름달 케이크
하늘 높이 날기
달과 숨바꼭질
꿈 속에서 놀기
아기 곰 바핀에게 배우는 마음 나누기
특별한 곰인형 케이프혼
곰아저씨가 잠들까봐
덤벼라, 곰!
곰이 되고 싶어요
곰이 궁금해
싫어 공주와 말썽쟁이 곰
싫어 공주 곰 학교에 가다!
겁쟁이 아기 곰
곰 아저씨와 춤추는 곰
책 속에 사는 곰 오토
내 곰인형이 되어 줄래?
울보 곰은 울보
울보 곰의 생일 파티
울보 곰은 심술쟁이
금발 머리와 곰 세 마리
내 친구 곰돌이
덜렁이 미란다와 새 곰 인형
곰돌이 푸와 숲 속 친구들
눈먼 곰과 다람쥐
딸랑딸랑딸랑 곰
곰 세 마리
곰 인형의 행복
아기곰의 가을 나들이
나는 곰입니다
곰아, 자니?
북극곰 코다
곰돌이 팬티
북극곰
두 마리 아기곰
안녕안녕
아빠랑 목욕해요!
꼬마 곰곰이의 겨울 이야기
하얀 곰 까만 암소
내 친구 곰 아줌마
마법의 시간 여행 12-하늘을 나는 북극곰
우체부 곰
곰 인형 오토
아기곰 비디
제빵사 곰
난 곰인 채로 있고 싶은데

잠이 안오니, 작은 곰아?
아빠 곰이 집으로 와요
곰 세 마리
곰 인형 일요일
잘자라, 아기 곰아
정원사 곰
곰 아저씨에게 물어 보렴
곰
꼬마 곰의 친구
꼬마 곰
꼬마 곰에게 뽀뽀를
꼬마 곰 코듀로이
꿈꾸는 곰 티모
곰
꼬마 곰곰이의 남쪽 나라 여행
꼬마 곰곰이의 처음 학교 가는날
꼬마 북극곰 라스
달과 꼬마 곰
아기 곰의 생일
행복한 청소부 곰
꼬마 곰 폴로는 하나도 안 졸려
아기 곰이 없어졌어요
곰이된 아이
바퀴 달린 곰
꾸러기 곰돌이(6~10권)
꾸러기 곰돌이(11~15권)
꾸러기 곰돌이(1~5권)
큰 곰
아기곰 혼자 다리를 건너요
까미의 이상한 곰 인형 누누
곰 가족에게 일어난 이상한 하룻밤 이야기
아기곰과 나뭇잎
123 시장놀이
콩콩콩 도장 놀이
빨주노초 내 장난감
곰사냥을 떠나자
참파노와 곰
곰이랑 배워요(전 3권)
난 커다란 털북숭이 곰이다
곰에게도 침대가 있어요

흰 곰
곰이 숲으로 간 까닭은?
곰돌이의 생일잔치
장난꾸러기 아기곰 벨리
바루의 여름방학
안녕! 바루
아기 곰이 잠잘 때
아기 곰은 배가 그파요!
바루의 사랑 만들기
바루의 작은 꽃
아기 곰 로리와 오로라
먹보 곰 벤 이야기
달을 사랑한 작은 곰
반달가슴곰은 어디로 갔을까?
아기 곰의 여행
곰의 노래
미안 미안해, 반달곰아
아빠의 곰 인형
곰 세 마리
주먹곰을 지켜라
아기 곰 쿠피 2세트(5~8권)
쿠피야, 목욕하자!
쿠피야, 치카치카!
아기곰 쿠피 1세트(1~4권)
쿠피야, 잘자!
쿠피야, 차례차례!
쿠피야, 영차영차!
별 밤곰이 찾아온 날
어디어디 숨었나?
잘자요, 아기 북극곰
꼬마 곰과 작은 배
아기 곰 삼 형제
곰돌이 사물 카드
곰돌이 아기 그림책 3(전 3권)
곰과 작은 새
쿠피야, 응가하자!
쿠피야, 냠냠냠!
쿠피야, 안녕?
곰돌이 숫자 카드
내 곰인형 어디 있어?

바다에 간 곰 인형
세상에서 가장 커다란 곰
아기 곰은 이야기쟁이
아기 거위가 자라면 곰이 되나요?
룰루루꿀벌 곰
심술궂은 곰
곰돌이 쿠
어릿광대, 곰, 토끼의 모험
아기 곰 이빨이 흔들거려요!
옆집 곰 아저씨
아기 곰에게 새 친구가 생겼어요!
아기 곰의 첫 번째 크리스마스
아기 곰이 많이 아파요!
곰과 벌
곰은 왜 동굴로 갔을까?
고슴도치와 아기곰
우리는 곰
엄마곰 아기곰
가장 사랑받는 곰인형
긴 코 돼지와 오렌지 곰
별이 된 큰 곰
반달곰이 길을 가다가
흉내쟁이 곰파랑이 가쿵!
어느 곰 인형 이야기
할아버지 곰의 목도리 이야기
북극곰을 구해 줘!
아빠는 곰돌이야
엄마!
아기곰과 안경
마트구경 간 달코미
장터에 간 새코미
곰이 먹었나 봐
짜증 난 곰을 달래는 법
못 말리는 먹보 곰
북극곰도 모르는 북극 이야기
곰은 어떻게 겨울을 날까?
아빠 곰 엄마 곰 아기곰
고양이와 아기 곰
곰돌이는 어디로?
'먹고 굶고' 곰 우화
이등병 곰, 보이텍
북극곰, 투가
동물원엔 엄마 곰이 너무 많아
아기곰 노마(전 4권)
곰 세 마리
아기 곰 초롱이
아기 곰 쿠마 그림책 시리즈 제4집(전 3권)
초코 곰과 젤리 곰
곰 인형 미슈카
북극곰 윈스턴, 지구 온난화에 맞서다!
눈투성이 아기 곰
아기 곰의 하늘나라
마술 연필을 가진 꼬마 곰의 모험
마술 연필을 가진 꼬마 곰
정글 곰
나 진짜 곰이야!
북극곰에게 냉장고를 보내야 겠어
갈색 곰아, 갈색 곰아, 무엇을 보고 있니?
달과 꼬마 곰
올레의 친구 흰 곰
곰이 알을 낳았어요
An Adventure with Polly Polar Bear
–북극곰 폴리의 모험
An Adventure with Bobby Bear–곰바비의 모험
Goodnight Bear(등불곰 인형 포함)

8

채반 시리즈 [III]
입이 큰 하마 인형

난 이 도
★★

준비물

- 채반
- 양말
- 낚싯줄
- 접착제(본드나 글루건)
- 파스텔
- 케이블 타이
- 칼, 가위
- 다양한 펠트지나 EVA
- 깔때기
- 고무줄
- 모루
- 백업
- 실, 바늘

채반 시리즈의 또 다른 매력을 볼 수 있는 하마 인형을 만들어 보자.

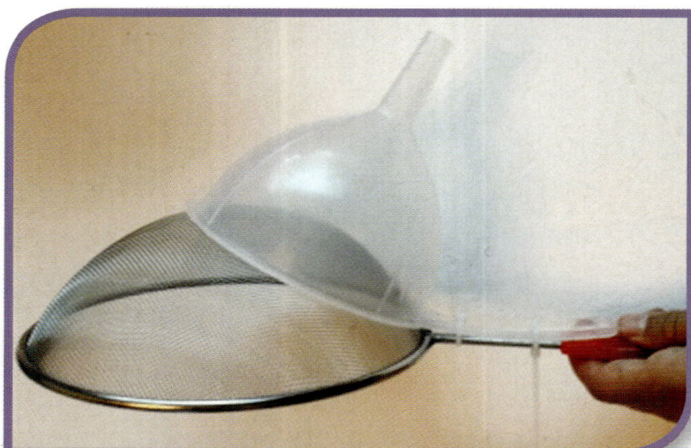

2

깔때기와 함께 양말을 씌워 주고 뒷부분은 고무줄로 단단히 고정시켜 준다.

1

채반 위에 깔때기를 접착제(글루건)로 붙여 준다.

3

깔때기 윗부분은 칼집을 내어 깔때기 입이 나오도록 만든다.

4

양말을 씌운 위아래 채반 손 옆모습-깔때기는 케이블 타이로 채반과 고정시켜 준다.

5

아랫부분의 채반 손잡이는 케이블 타이를 잡아당겨 주면 아래 채반이 벌어져 움직이는 입을 만들 수 있다.

6

입 안쪽을 펠트지나 EVA를 이용하여 마감해 준다. 이때 주의할 점은 입 속이 보이지 않게 그림처럼 부직포나 EVA가 이어져 있어야 한다는 것이다.

7

깔때기 윗부분은 마치 모자처럼 연출되도록 모루로 감아 준다.

8

코를 만들기 위해 백업을 작게 자르고 또 그 반을 잘라 하마의 작은 코를 만들어 준다.

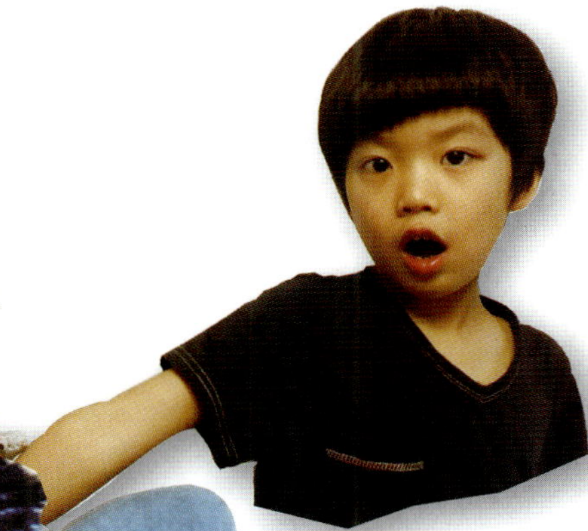

9

귀와 눈을 만들어 주고
마무리 하면 입이 크고
하하하 웃는 하마 완성!

간단요약

1. 재료 준비
2. 채반 위에 깔대기 접착제로 붙이기
3. 양말 씌우기
4. 턱이 되는 아랫부분에도 양말 씌우기
5. 아래 채반을 위 채반과 함께 묶어 주기
6. 입 안쪽을 펠트지나 EVA를 이용하여 마감하기
7. 깔때기 윗부분 모자처럼 만들기
8. 백업 코 만들기
9. 얼굴 및 액세서리 마무리하기

스토리텔링을 위한 활용서

돌 맞은 하마 궁뎅이
루비와 노래하는 하마
하마 미용실
하마 허드슨에게 배우는 친절
행복한 하마가 되는 비결
하마의 가나다
하마는 병원에 갈까?
악어 입과 하마 입이 만났을 때
수영도 못 하는 하마 노노
꼬마 하마 올리
내 짝꿍 하마 공주
뭐든지 뚝딱뚝딱 수리공 하마군
하마를 목욕시켜 주는 동물은?
하마의 하루
하마는 엉뚱해
하마는 똥싸개 판다는 편식대장
아빠는 잠꾸러기
하마야, 뭐하니?
신나는 놀이터
아기 하마 놀이책(전 3권)
도시로 간 꼬마 하마
하마 선생의 음식 백화점
뚱보 하마 포포탐
하마 아저씨의 비디오 팡팡
투덜투덜 하마 우화
아기 하마 후베르타의 여행
하마 아가씨 올리닐의 행복한 색깔 찾기

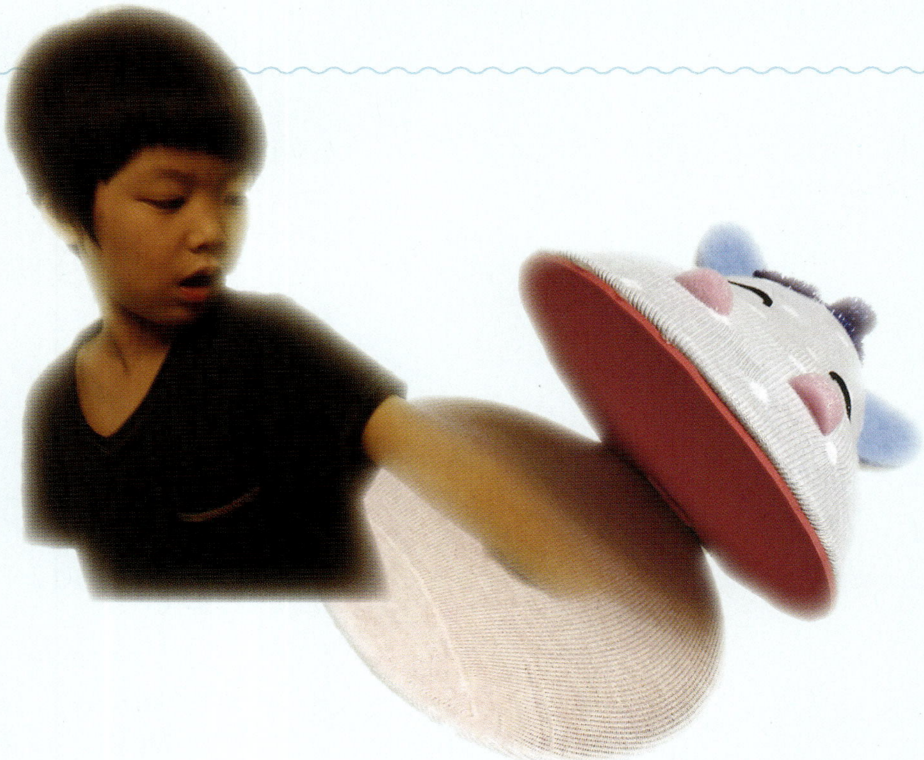

그림자 인형

4

그림자 인형극이란...

빛과 어둠을 이용한 손 유희나 몸짓으로도 표현할 수 있는 간단한 극에서부터 전문적인 인형 제작을 통한 공연까지의 모든 것을 말한다.

그림자 인형극은 고대부터 몽환적이면서 주술적인 기능을 가지고 있기도 하였고 어두워지는 밤에 공연을 해야 하기 때문에 더운 나라들의 밤 문화로도 많이 발전해 왔다.

이러한 오랜 역사로 인해 중국이나 인도네시아 등 그림자 인형극이 유명한 나라에서는 인형과 배경 제작 기술이 다양해져서 공연예술을 넘어 공예예술품으로 현재 까지도 사랑받고 있다. 전문적인 그림자 인형극은 세밀함을 위주로 하고 다양한 빛의 효과를 이용하여 표현하지만 이 책에서 제시하는 그림자 인형극은 손쉽게 만들고 아이들과 함께할 수 있는 제작법을 소개하겠다.

1

난이도

간단한 손 유희 그림자 인형

준비물

- 연기자 손
- 조명
- 암전된 상황

강아지

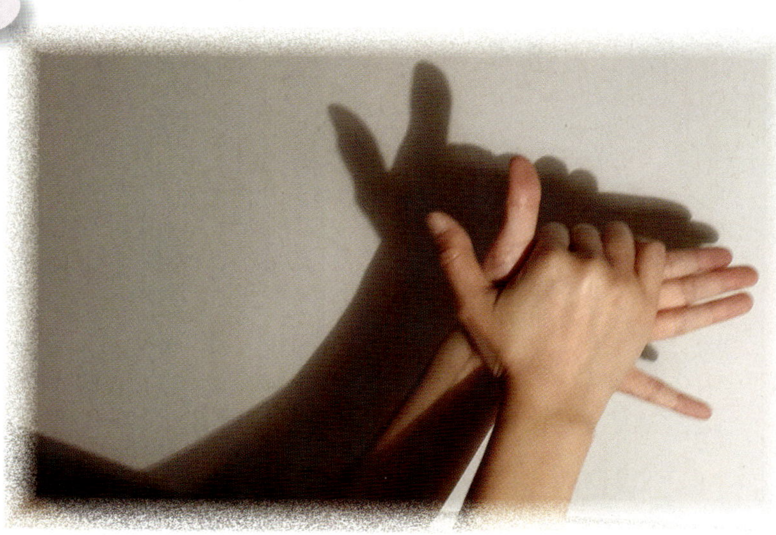

물소

숫사슴

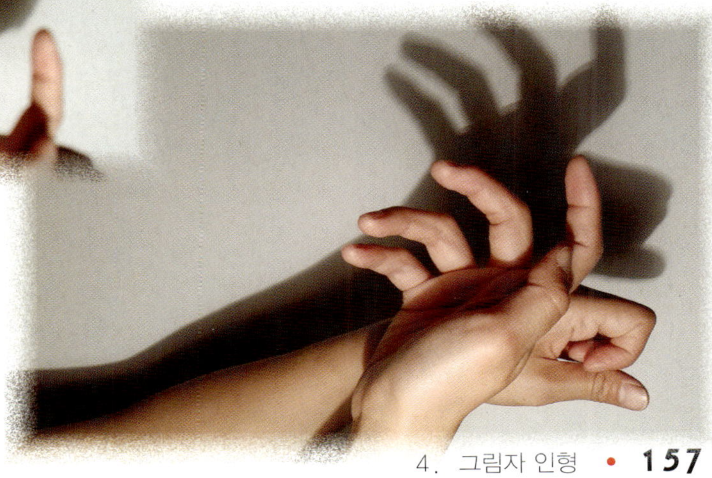

개

큰개

다람쥐

거북이

큰토끼

작은 토끼 (1)

작은 토끼 (11)

새

부엉이

백조

날으는 새

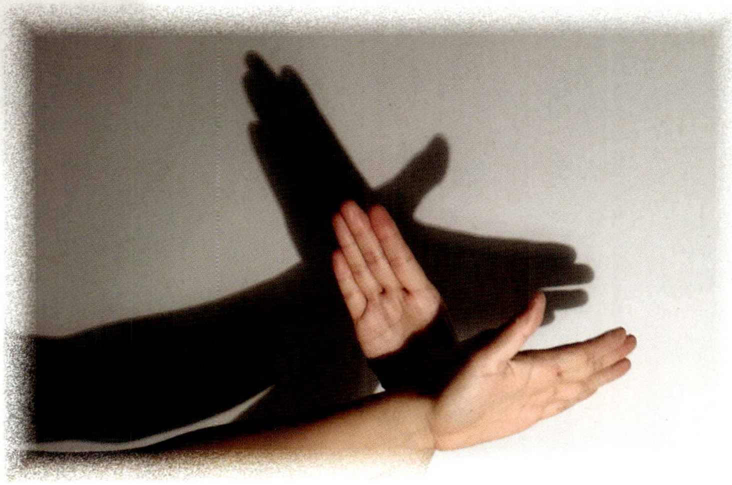

꽃게

큰 여우

작은 여우

2

난이도

동화책 그림자 + 막대 인형

준비물

- 스토리텔링 할 동화책
- 코팅기, 코팅지
- 가위, 칼
- 바늘, 실
- 할핀
- 어묵 꼬치나 튀김 젓가락
- 투명 테이프

요즘은 어떤 책이든지 아이들에게 일방적으로 동화만을 읽어 주는 것에 그치지 않고, 아이들의 생각과 상황을 이야기 전달자와 교감하며 여러 가지의 또 다른 이야기를 발전시켜 나가는 스토리텔링을 이용한 교수법이 트렌드다. 이때 이야기를 들려주는 과정에서 책 속에 있는 주인공들이 갑자기 튀어나오는 것은 어떨까? 이야기 속의 주인공을 똑같이 제작하여 움직이는 인형극을 만들어 보자.

여기에 소개되는 『회사 괴물』(주니어 김영사) 이라는 책은 매일 매일 출근하는 엄마를 회사 괴물이 잡아가서 자기와의 시간을 뺏긴 것이라고 믿는 아이에 관한 이야기이다.

조미영 글
조현숙 그림
주니어 김영사

따라하기

1

몇 가지 인형극 연출을 위해 주요 페이지를 결정한다.

2

원본을 복사할 때 움직일 부분을 정하고 개체를 따로 분리해서 코팅한 다음 움직일 아랫부분의 코팅지를 길게 남겨 놓는다(코팅할 때 미리 움직임을 염두에 두어야 한다).

3

중심을 잡아 주는 부분에 젓가락을 붙여고 움직이는 부분을 아래와 같이 바느질해 준다. 코팅지 자체가 조종대가 되어 좌우로 움직이면 아래와 같이 움직이는 인형이 만들어진다.

움직일 팔 위치를 잡고 바느질을 해준다.

바느질 앞부분 사진

4

바느질로 인형을 헐겁게 고정시켜줘야 움직임이 가능하다.

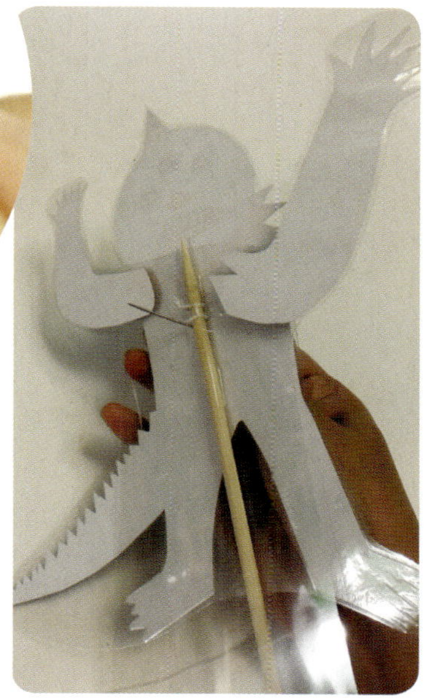

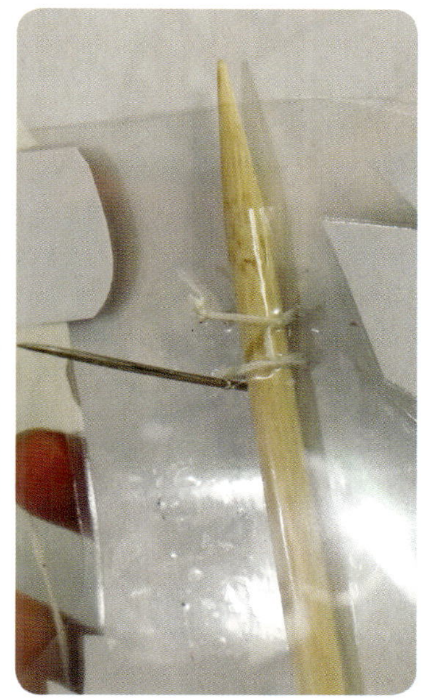

바느질 뒷부분 사진

5

그림처럼 책을 무대삼아 뒤에서 인형을 조종하면 된다.

움직이는 인형 모습

팔이 움직이는 괴물

살려달라고 소리치며
손을 움직이는 엄마

움직이는 인형 모습

놀라서 얼굴을 손으로 잡고 떨고 있는 인형

움직이는 인형 모습

엄마를 잡고 있는 괴물을 물리치기 위해 칼을 휘두르는 모습

Tip

간단한 작업이긴 하지만 동화책 속에 나온 인물들이 움직여 준다면 아이들은 더 많은 재미와 감동을 받을 수 있다. 또한 선생님 입장에서는 그림을 못 그려도 시간이 없을 때 유용하게 쓰일 수 있다. 하지만 저작권에 위해(危害)될 수 있는 상업적 목적으로는 사용하면 안 된다.

움직이는 인형 모습

간단요약

1. 재료 준비
2. 원본 복사
3. 움직일 개체를 분리하여 코팅
4. 중심이 되는 부분에 젓가락 붙여 주기
5. 중심 판에 움직일 개체를 바느질로 헐겁게 고정하기
6. 그림책을 무대 삼아 연기하기

사랑하는 딸의 머리를 쓰다듬어 주는 엄마 모습

줄 인형

5

줄 인형은 인형극 중에서 제일 고도의 제작과 연기력을 필요로 하는 어려운 장르이다. 전문가들은 관절 부분을 많이 만들어 손가락이나 발가락을 움직이거나 눈을 깜박이고 입을 움직인다. 인형에 달린 줄만으로 피아노를 치거나 기타를 연주하고, 경쾌한 발놀림으로 춤을 추기도 한다. 필자가 이 책에서 제시하는 줄 인형들은 아마추어가 쉽게 제작할 수 있는 방법을 소개하였지만 줄 인형의 연기만큼은 어려운 것이니 많은 연습을 해야 한다고 확실히 말하고 싶다. 줄 인형을 너무 가볍게 만들면 발이 공중에 떠서 날아다니는 것처럼 되고, 조종대를 너무 내리면 인형이 주저앉아 버린다. 줄 인형은 인형의 발이 연기에 중요한 포인트이므로 인형 발에 적당한 무게를 주고(볼트 너트 나사나 작은 조약돌, 그리고 편납 등을 매달아 인형의 발을 무겁게 만든다) 조종대를 일정한 높이에서 움직이는 등 세세한 연기가 필요하다.

이 장에서는 제일 기본이 되는 줄 인형 제작법을 제시하고자 한다. 공 모양의 구슬과 탁구공을 이용하여 제작하는 것이지만, 요구르트나 막대 등 여러 가지 재료의 응용이 가능하다.

1

구슬 인형

난 이 도

준비물

- 17개 구슬
- 십자로 뚫려 있는 네모 나무 조각
- 나일론실, 목실
- 나무 젓가락
- 고무줄
- 가위

1 나무 젓가락을 십자가 형태로 만든 뒤 고무줄로 고정시켜 준다.

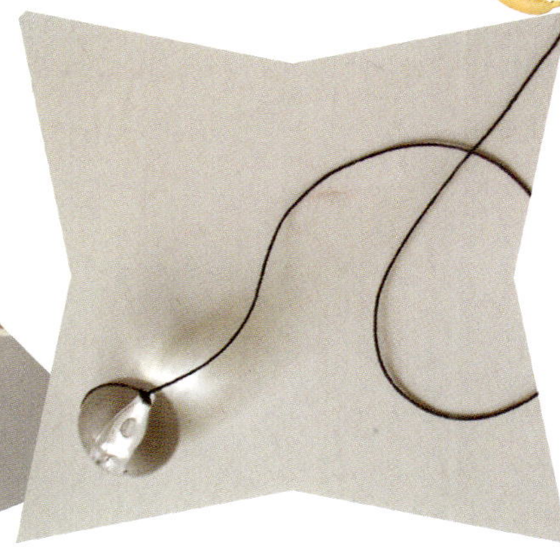

2 맨 처음 끼워넣은 구슬은 실에 고정시키고 구슬을 6개까지 넣은 뒤, 4면이 뚫려 있는 나무 블록을 끼워 넣고 일곱 번째는 머리가 되는 구슬을 넣는다.

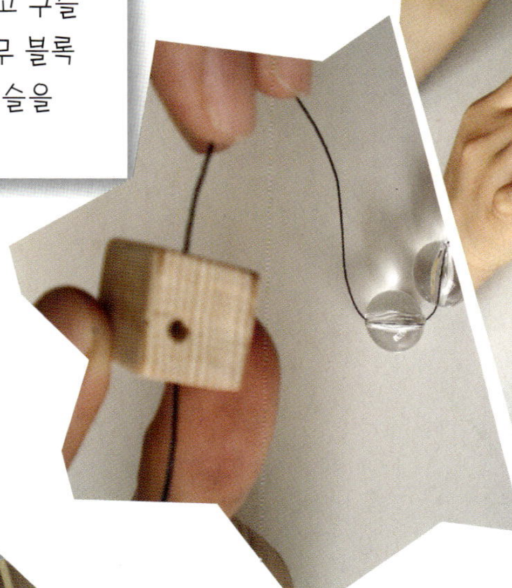

3 이 줄을 나무젓가락의 가운데 부분에 고정시킨다.

4

역시 맨 처음 구슬에 실을 고정시키고, 구슬 네 개로 다리 한쪽을 만들어 준다. 몸통에 연결되어 있는 구슬 중에 다섯 번째 구슬부터 다리 줄을 통과시켜 위의 나무젓가락에 묶어 준다.

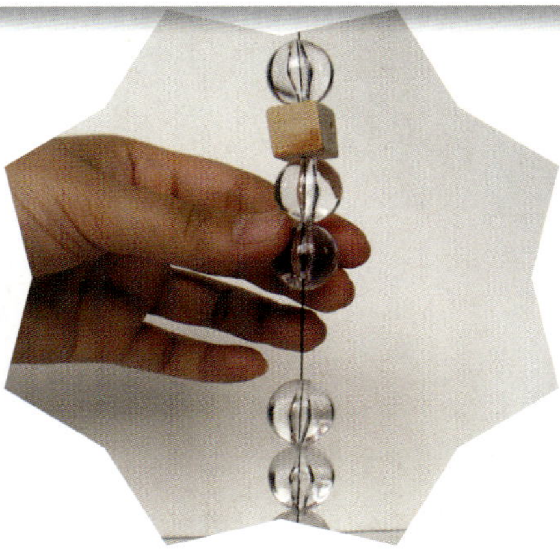
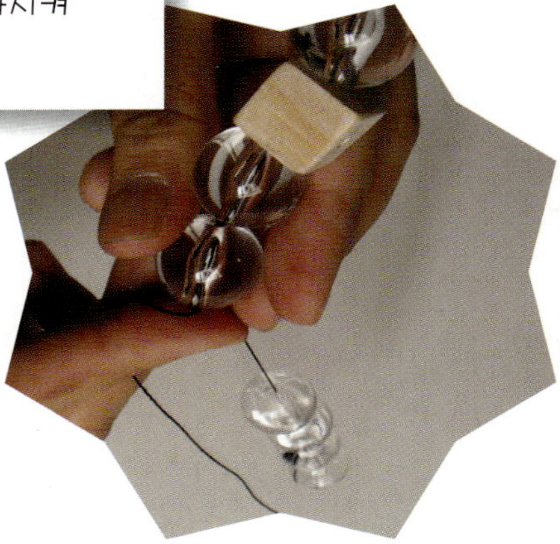

5

두 다리를 똑같이 만들어 나무 젓가락 가운데에 함께 묶어 준다.

6

1. 나무 몸통에 실 관통하기
2. 왼쪽에 팔이 되는 구슬 3개 끼우기
3. 나무 몸통 관통하기
4. 오른쪽에 팔이 되는 구슬 3개 끼우기
5. 나무젓가락 앞부분에 양팔을 끼운 실을 한꺼번에 고정시키기

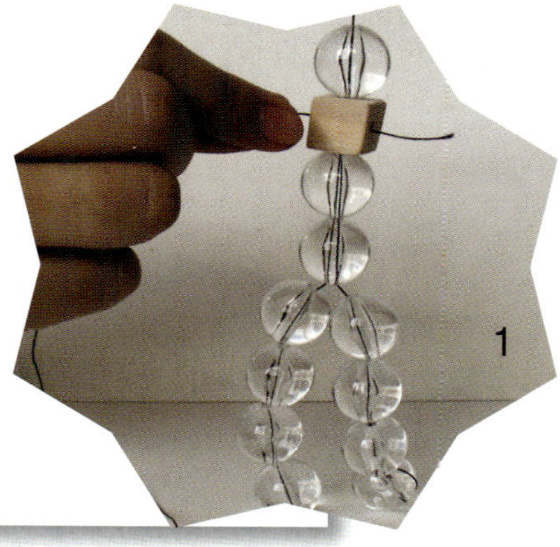

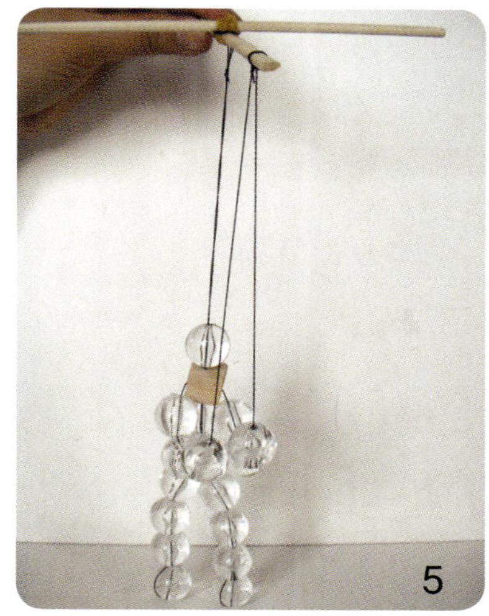

7

발 구슬 두 번째와 세 번째 구슬 사이의 줄에다가 또 다른 줄을 연결한다.

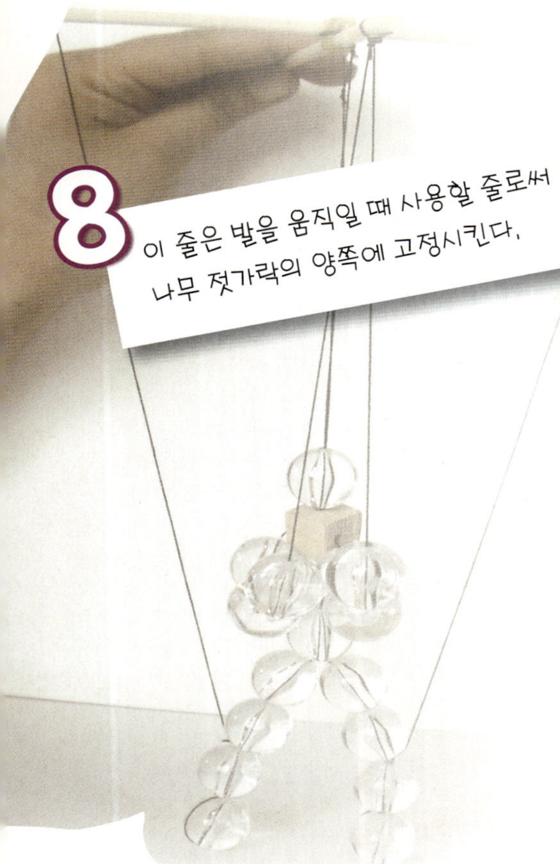

8 이 줄은 발을 움직일 때 사용할 줄로써 나무 젓가락의 양쪽에 고정시킨다.

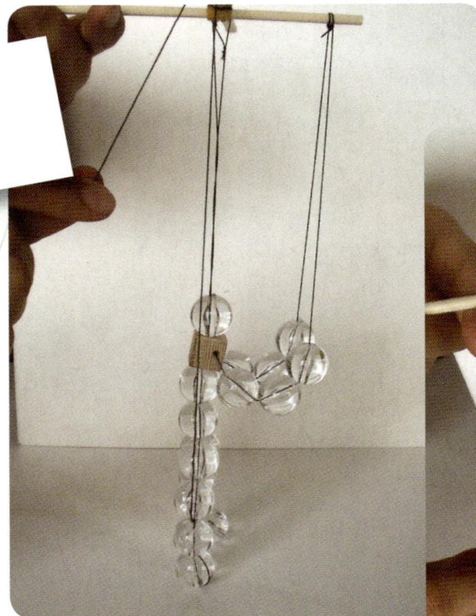

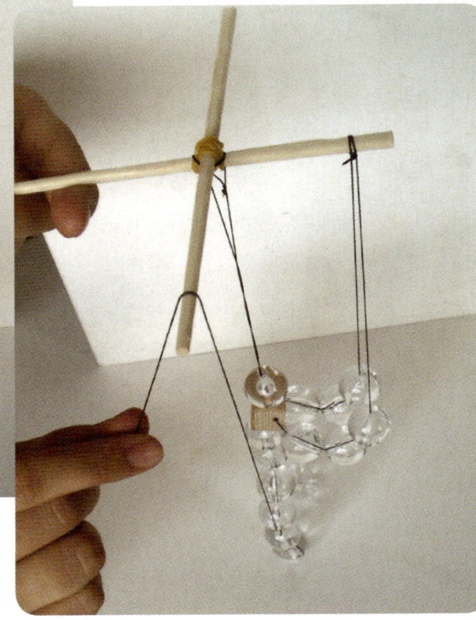

9 왼손으로 조종대를 잡고 양쪽 나무 젓가락의 높낮이(위 · 아래)의 변화를 주면 발이 움직인다. 앞에 함께 달려 있는 손의 줄은 연기자의 오른손으로 잡고 연기한다. 이 인형은 아주 작은 인형에 속하기 때문에 발 부분에 특별히 무게를 주지 않아도 된다.

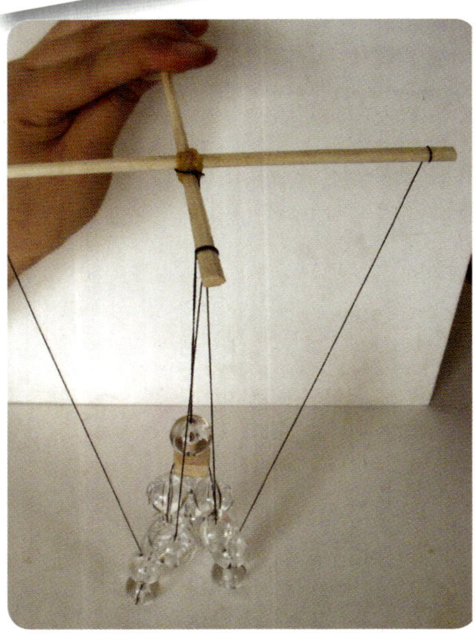

위에서 본 모습

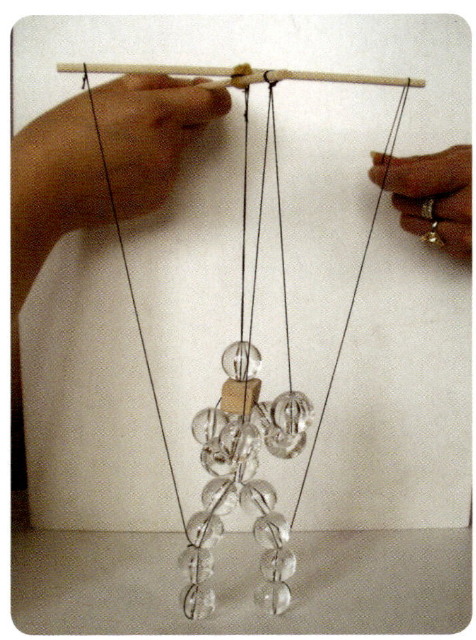

옆에서 본 모습

완성된 구슬 인형

2

탁구공 인형

난 이 도

준비물

- 탁구공
- 목실, 나일론실
- 가위
- 큰 너트 여러 개 (발에 무게를 달기 위해)
- 나무 젓가락
- 고무줄
- 송곳

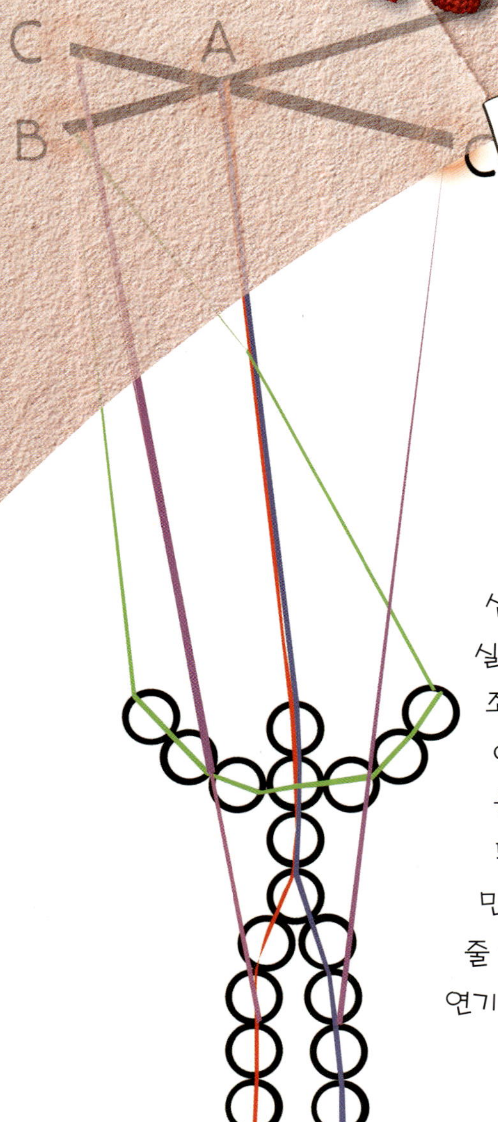

구슬 인형과 마찬가지로 같은 방법으로 제작할 수 있다. 제일 간단한 조종대로 만들 수 있는 인형이다. 조종대는 나무 젓가락을 이용한다. 십자 형태로 만들고 가운데는 고무줄로 고정시켜 준다. 탁구공에 실이 통과해야 하므로 탁구공에 달군 송곳으로 구멍을 뚫어 준다. 조종대에 달려 있는 A줄은 몸통을 지탱하고 두 다리를 연결해 놓은 것이며, B는 양쪽 팔을 연결해 놓은 것이다. 마지막 C는 양쪽 다리 부분을 연결해 나무 조종대의 양쪽 끝에 각각 매달아 준다. 이때 발이 되는 맨 마지막 탁구공에는 너트 등을 매달아 인형의 발을 무겁게 만든다.

줄 인형 연기를 할 때에는 왼손으로 조종대를 잡고 오른손으로 줄을 연기해 준다.

현대인형극회
조용석 대표님의
공 인형
연기 모습

실물 인형

6

실물 인형이라는 것은 말 그대로 실제로 있는 사물에다가 우리 주변의 다양한 재료를 붙여 움직이는 입이나 손이 있는 인형을 만든 것으로, 입 조정 장치만 알아도 여러 가지 실제 사물에 붙여 응용 가능하다.

아이가 밥투정을 한다면 싫어하는 채소에게, 아이가 옷을 너무 늦게 입는다면 옷에게, 아이가 자꾸 학교에 늦게 간다면 책가방에게, 눈과 입을 붙여 주는 것은 어떨까? 아이들은 동화에서나 상상할 수 있었던 일들이 눈앞에 펼쳐지는 것을 느끼고 활짝 웃어보일 것이다.

손재주가 없더라도 기본적인 샘플(입, 눈) 장치로 나만의 멋진 인형을 만들어 보자.

1

과일 인형

난이도

준비물

- 실물 과일이나 모형 과일
- 입 조종 재료들
(화장 퍼프, pp 파일, 스펀지 수세미, EVA)
- PP 파일
- 칼, 가위
- 낚싯줄
- 케이블 타이
- 어묵 꼬치나 튀김 젓가락
- 접착제(본드나 글루건)
- 그 외의 액세서리들(눈, 코, 모자 등)
- 바늘
- 우레탄 줄
- O링

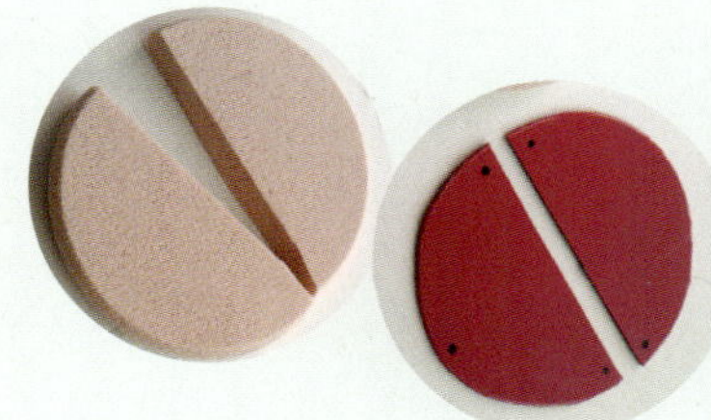

시중에 나와 있는 과일 모양의 상품들은 실제 과일과 헷갈릴 정도로 정교하게 잘 만들어져 있다. 하지만 반찬 투정이 심한 아이들에게 좀 더 실질적인 효과를 원한다면, 입을 움직이는 장치를 실제 과일이나 채소에게 붙여 과일의 냄새와 질감을 느끼게 하는 것도 좋은 방법이다. 오른쪽 그림과 같은 장치는 꼭 과일 인형이 아니더라도 입을 움직이고 싶은 모든 사물에 붙여 접목시켜도 좋다.

이를 위해선 PP 재질의 판(책받침)과 화장 퍼프나 EVA(큰 문방구나 화방에서 구입 가능), 채색을 위한 파스텔, 그리고 입술의 위아래를 연결해 주는 탄성을 가지고 있는 우레탄 줄, 그리고 아랫입술을 잡아당길 낚싯줄이 필요하다.

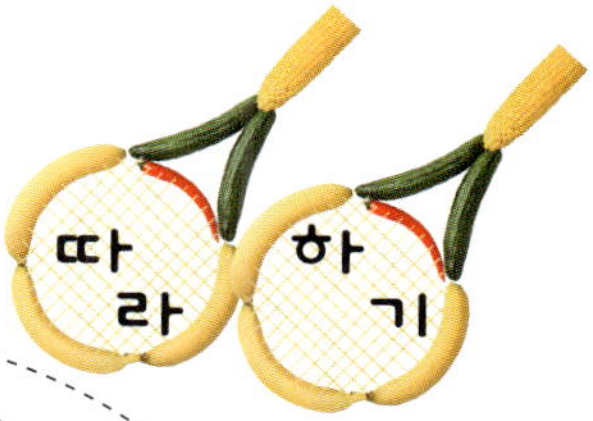

따라하기

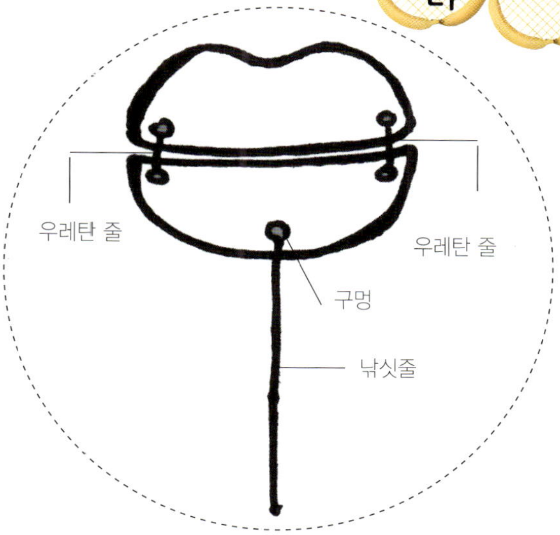

2

1

퍼프와 동일하게 PP를 오려놓고 반으로 잘라 준다. 그리고 구멍 뚫을 자리를 표시해 둔다. 이 구멍은 철사 옷걸이를 달구거나 이불 바늘을 불에 달구어서 미리 뚫어 놓는다. (228쪽 참고)

뚫린 PP 구멍에 우레탄 줄을 위 그림과 같이 연결시켜 주고 아래 입술에는 낚싯줄을 연결한다.

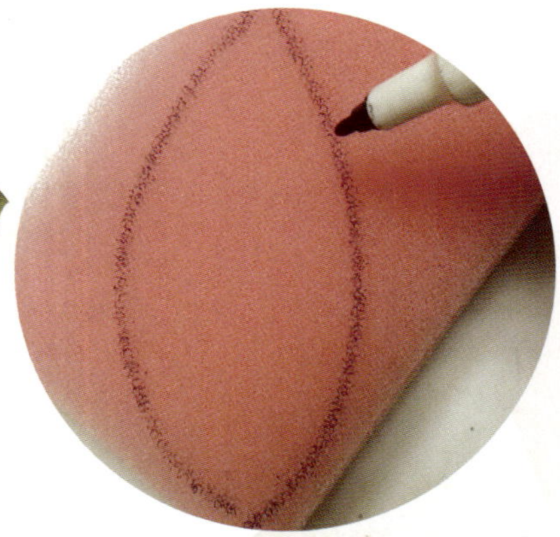

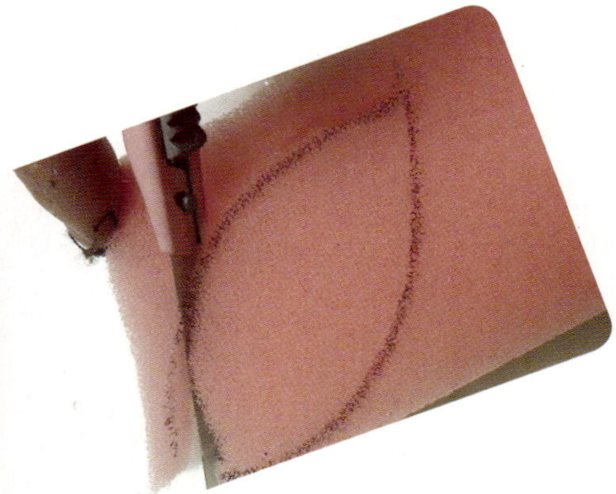

3

이렇게 만든 입을 과일에 붙이기만 하면 완성이다. 이때 주의할 점은 사물에 윗입술만 붙여준다. 아랫입술까지 같이 붙이면 낚싯줄로 아무리 당겨도 움직이지 않는다.

4

화장 퍼프 대신에 도톰한 입술을 만들고 싶으면 스펀지 수세미로 제작하는 방법도 있다. 스펀지 수세미에 디자인을 그리고 칼로 오려낸 다음 입술을 잘 다듬는다.

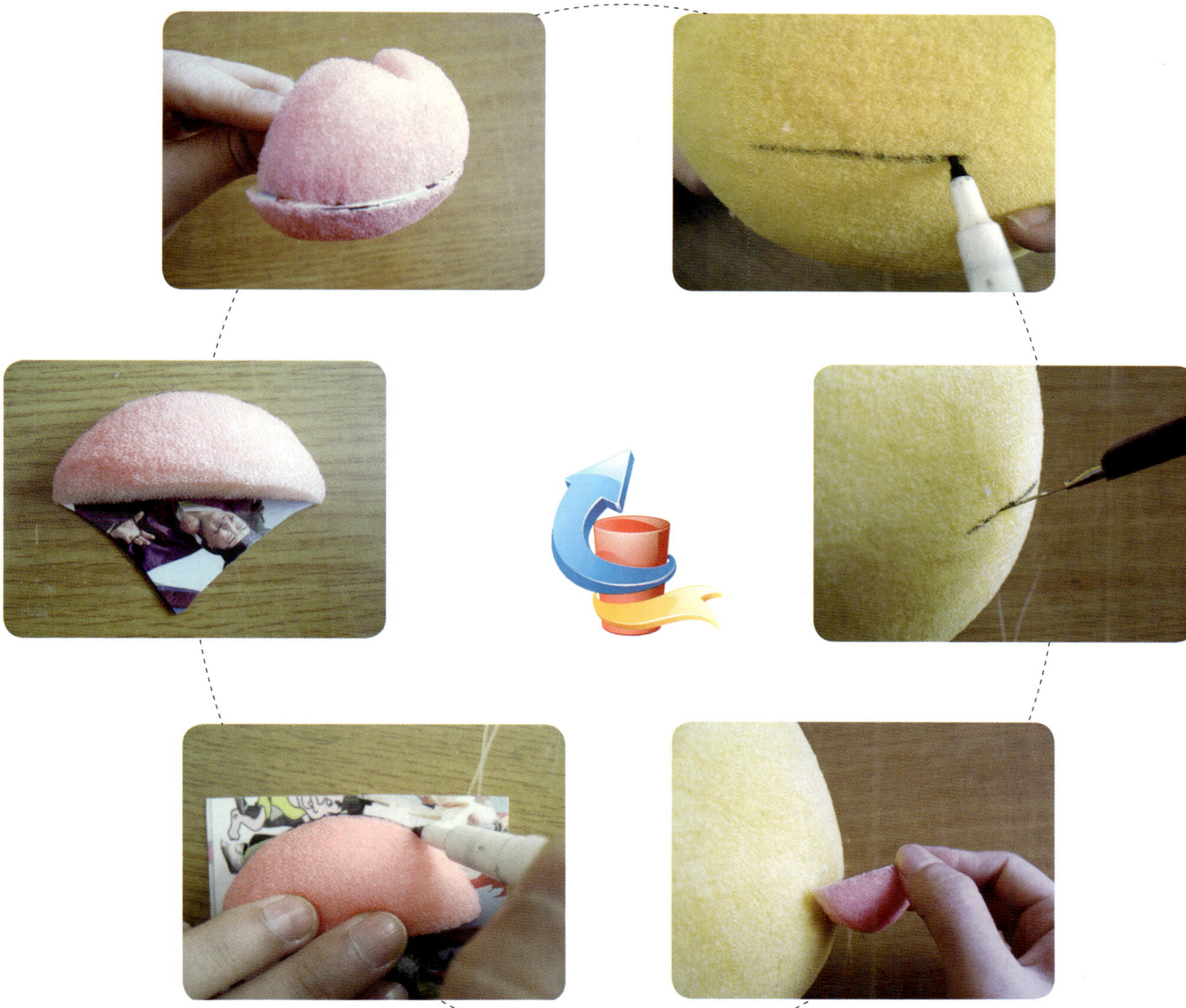

5

도톰한 입술 모양이 완성되었다면 PP나 책받침을 위 그림 모양대로 그려주고, 실제 과일이나 모형 과일이나 스펀지 인형 위에 그림과 같은 방법으로 칼집을 내어 꽂아주고, 윗입술을 고정시키고 아랫입술은 안으로 꽂혀진 책받침 부분만 고정시켜 움직여 주면 된다.

TIP

아랫입술의 각도가 중요한데 꾹 다문 입술을 만들기 위해서는 위로 경사지게 입술을 꽂는 것이 중요하다. 그래야만 입술을 다물고 있을 때 확실히 다물어지고 입을 열 때 많이 열리게 된다. 이와 같은 스펀지 입술 제작은 필자가 집필한 『장대 인형 제작법과 연기론』(조윤진, 2006)에 잘 소개되어 있다.

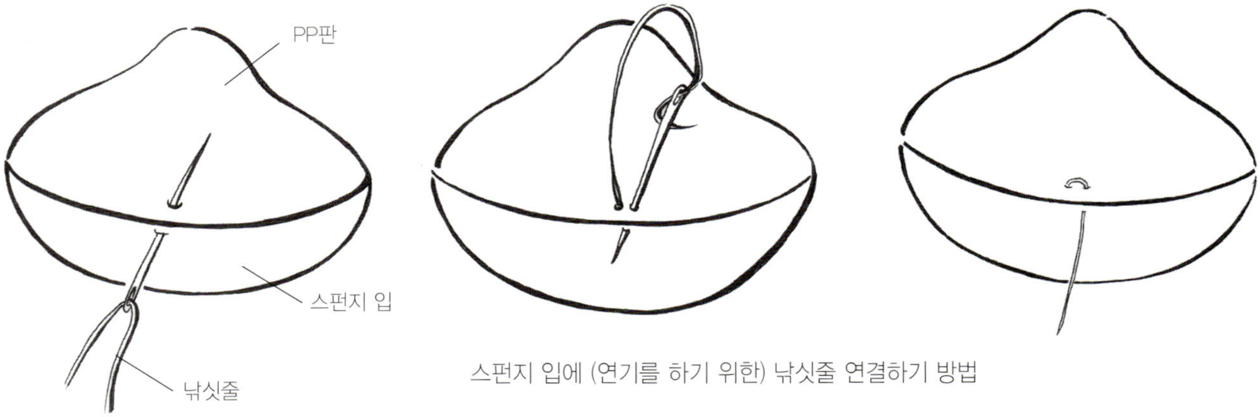

스펀지 입에 (연기를 하기 위한) 낚싯줄 연결하기 방법

아랫입술이 들어가는 속 부분을 고정시킨다.
그리고 윗입술을 대상에 고정시킨다.

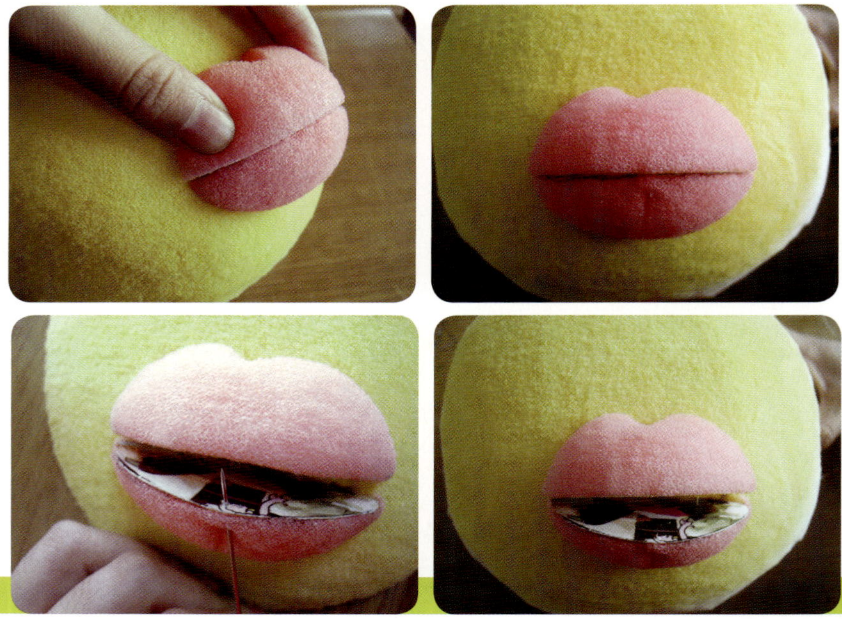

아랫입술에만 낚싯줄을 연결시킨다. 이때 낚싯줄은 입의 앞쪽 부분으로 관통시켜야 입이 잘 움직인다.
입이 스펀지 재질로 되어 있기 때문에 스펀지 위에 꼭 붙여 준다.

여러 가지 입술 모양 샘플들

입술을 자를 때 주의할 점은 칼을 가로로 살살 움직이면서 스펀지가 눌리지 않게 자르는 방법이다. 스펀지가 눌리게 위에서 아래로 잘라 버리면 반듯한 입의 모양이 나오지 않는다.

좋은 예 | 나쁜 예

실제 과일처럼 보이는 모형 과일들

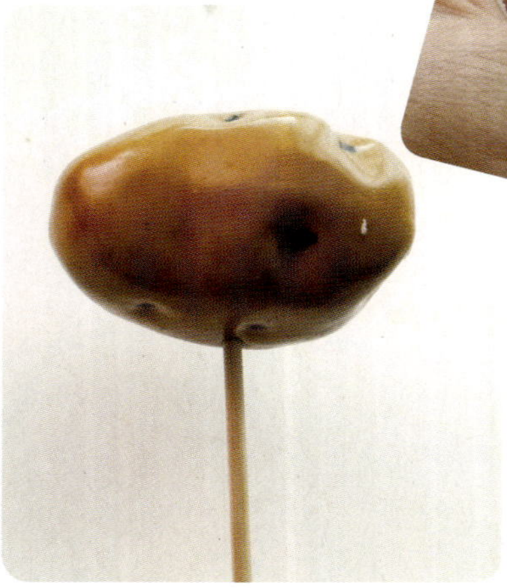

6

먼저 과일 모형 아래에 꼬치를 끼워 주고 준비해 놓는다.

7

인형에 붙일 입을 제작한다. 기본적으로 화장 퍼프를 이용한다. 입술이 크면 화장 퍼프를 가위로 다듬어 작게 만들어 준다.

8

인형 얼굴에는 윗입술만 붙이고 낚시줄로 연결된 아랫입술은 붙이지 않는다. (185쪽 참고)

9

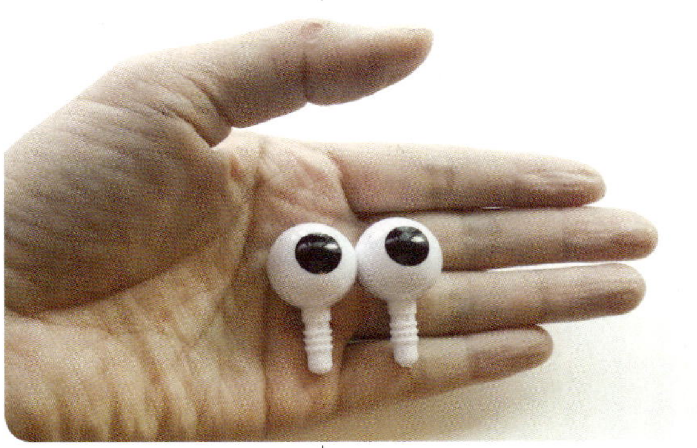

인형에 붙일 눈알을 준비한다. (동대문 종합상가 5층 액세서리점에서 구입).

10

다른 인형도 입과 눈을 준비한다. 이러한 눈이 없을 때는 부직포를 이용하여 만들어도 좋다. 하지만 인형은 눈이 제일 중요하므로 『장대 인형 제작법과 연기론』(조윤진, 2006)에서 제시하는 눈 제작 부분을 참고하기 바란다.

11

입술과 줄을 연결한 모습

12

13

낚싯줄을 달고 움직이는 모습

낚싯줄을 잡아당기면 입이 움직인다. 이 방법을 알게 되면 모든 사물에 적용시켜 움직이는 인형을 쉽게 만들 수 있다.

14

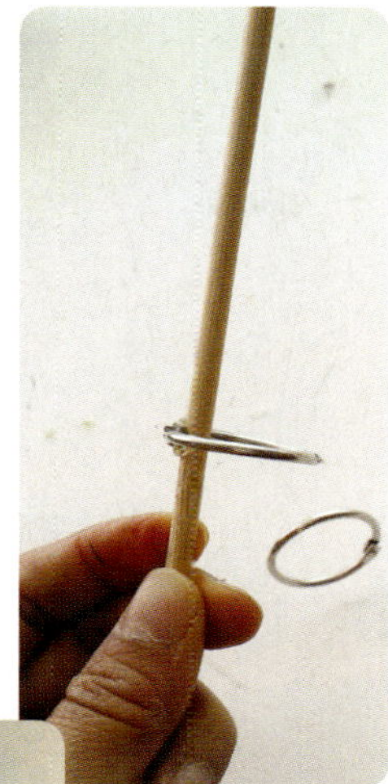

낚싯줄이 어묵 꼬치에 둘둘 감기는 것을 방지하기 위하여 꼬치 아래 부분에 케이블 타이를 이용해 걸이를 만들어 준다.

15

인형에 작은 액세서리를 준비하여 캐릭터를 만들어 줄 수도 있다.

완성된 과일 모형 인형들

간단요약

1. 재료 준비
2. 과일 모형에 막대 꽂기
3. 화장 퍼프 준비
4. 입술 모양의 pp 파일 준비
5. PP 양쪽 부분을 뚫고 우레탄 줄로 위아래 입술을 묶어 주기
6. PP 입술 아랫부분을 뚫고 낚싯줄로 연결하기
7. PP 위에 화장 퍼프 붙이기
8. 과일 모형에 입술 붙이기 (윗입술 부분만)
9. 눈과 액세서리 장식하기
10. 아랫입술에 낚싯줄 연결하여 고리 달기

16

실제 채소에 붙인 눈과 입

스토리텔링을 위한 활용서

채소야, 놀자!
한씨 부인과 일곱 친구들
채소 전쟁
과일
과일 나라 도깨비
야 맛있는 채소다
한 번 먹어 볼까
우리 함께 길러요
나도 편식할 거야
채소밭과 과수원
오늘부터 NO 채소 클럽
편식쟁이 마리
채소밭 잔치
모두 친구들이야
하마는 똥싸개 판다는 편식대장
머리가 좋아지는 명화 속 과일
이게 정말 사과일까?
피카소 아저씨네 과일 가게
채소가 최고야
과일이 최고야
박쥐야, 과일 좀 먹어 줘!
햄버거랑 피자랑, 갓있는 것만 먹을래!
채소 먹는 용, 허브
아이 두뇌를 살리는 똑똑한 편식
맛있는 과일
내가 키운 채소는 맛있어!
급식 먹고 슈퍼스타
과일이 좋아
구멍 송송 못 생긴 채소가 맛있어
내가 좋아하는 과일
배고픈 달팽이와 너무 먼 채소밭
과일

다양한 재활용 인형들

7

다양한 재활용 인형도 실물 인형과 마찬가지로 직접 사물에 붙이거나 있는 사물을 조합하여 간단히 만들 수 있는 인형이다. 이 책에서 제시하는 많은 샘플 외에도 조금만 주위를 둘러보면 많은 아이디어가 나올 수 있다. 사물을 볼 때에는 그냥 지나치지 말고 그 인형이 나에게 하는 말을 귀기울여 보자. 여러 가지 재활용품을 조합해 살아 숨 쉬는 생명을 불어 넣어 준다면 아이들에게는 또 하나의 친구가 생긴다.

1

난이도

애벌레 시리즈 [1]
작은 애벌레

준비물

- 의자 발 커버
- 구슬 솜
- 실, 바늘
- 가위, 칼
- 철사 옷걸이
- 펜치

의자 발 커버를 이용해 작은 애벌레 인형을 만들어 보자.

따라하기

1 의자 발 커버 한 개에 적은 양의 솜을 집어넣는다. 너무 많은 양의 솜을 집어 넣게 되면 구부릴 수가 없기 때문에 유연한 움직임을 위해 적당히 솜을 넣어 주고 두 개를 이어 준다.

2 의자 발 커버의 모양은 끝부분이 각이 졌기 때문에 바느질을 통해서 둥글게 만들어 준다.

바느질을 하여 둥글게 만든 양말 끝

3 철사 옷걸이와 애벌레 인형을 준비한다. (철사 옷걸이 부분은 101쪽 참고).

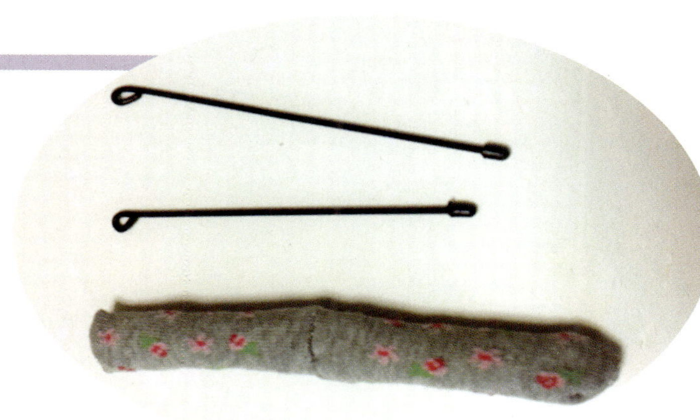

4

조종에 필요한 손 철사를 양 끝에
고정시키기 위해 칼집을 내어 준다.

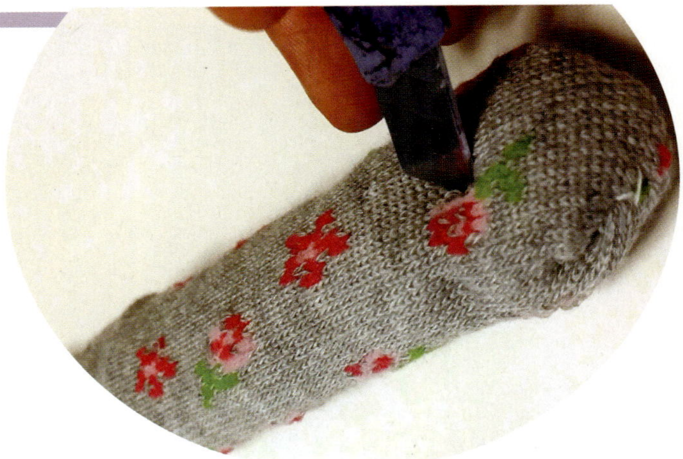

애벌레가 잘 움직이게 하기 위해
바느질로 강하게 고정시켜 준다.

5

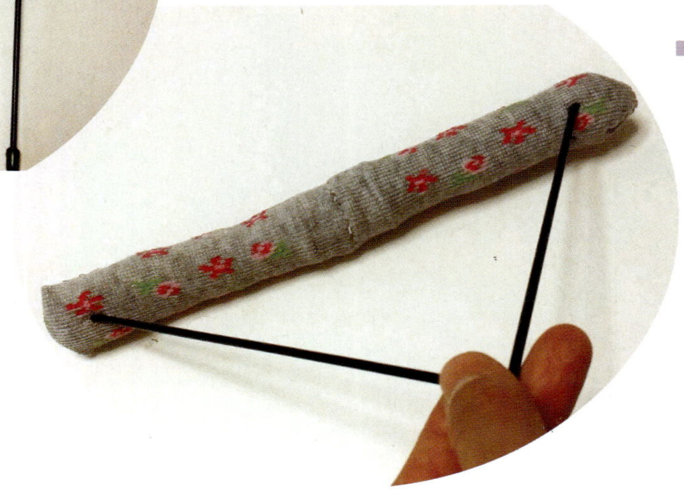

6

머리 되는 앞 부분에 작은
눈을 붙여 주고 마무리한다.

7 애벌레 인형의 움직이는 모습

간단요약

1. 재료 준비
2. 솜 넣기
3. 몸통 – 두 개의 의자 발 커버 연결하기
4. 조종 – 철사 옷걸이 달기
5. 눈 장식하기

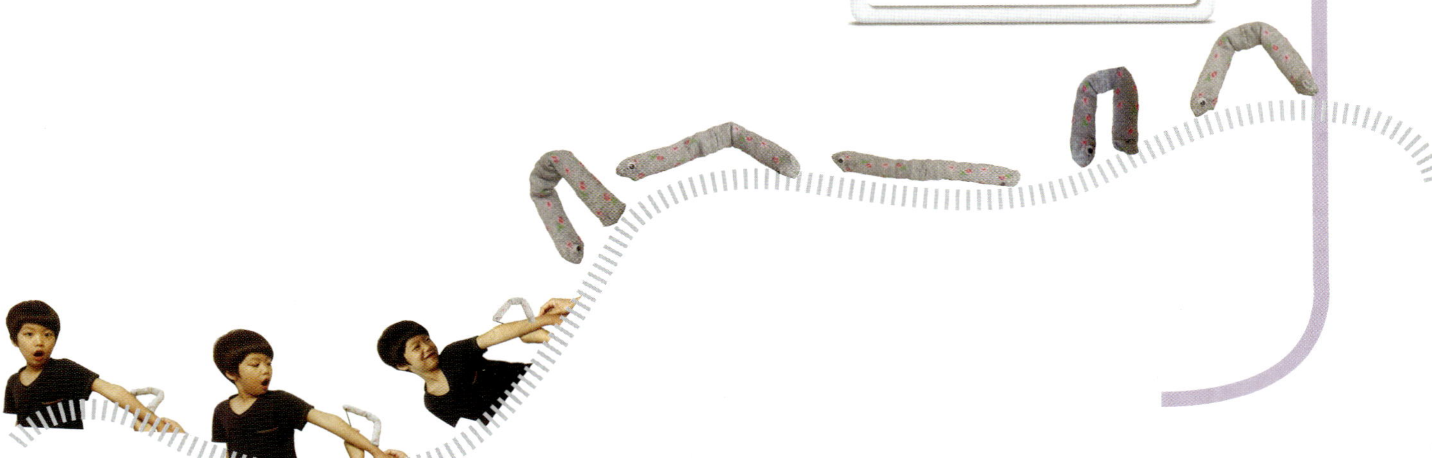

2 애벌레 시리즈 [II]

난이도

스프링 애벌레

준비물

- 스프링
- 양말
- 실, 바늘
- 다양한 폼폰
- 다양한 색의 펠트지
- 어묵 꼬치나 튀김 젓가락
- 접착제(본드나 글루건)
- 스티로폼 볼
- 고무줄

어릴 적 한 번은 가지고 놀았을 장난감인 스프링으로 애벌레 인형을 만들어 보자.

1

스티로폼 볼을 양말로 감싸 준다. 머리가 되는 부분은 좀 크게 꼬리가 되는 부분은 좀 작게 만들어 준다.

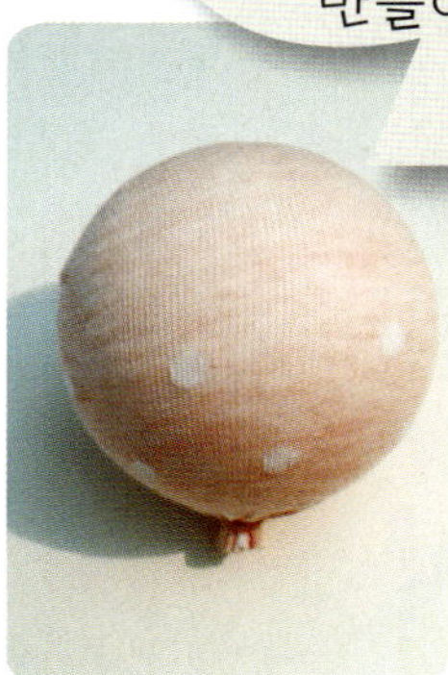

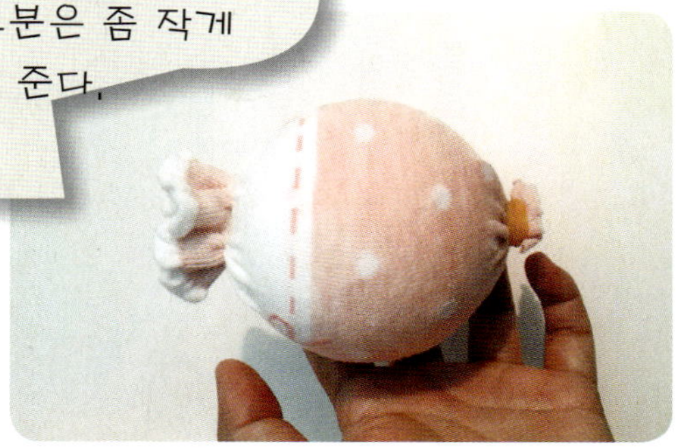

2

스프링의 양쪽 끝을 바느질로 양말과 단단히 고정시키고 다른 양말로 모자 장식도 해 본다.

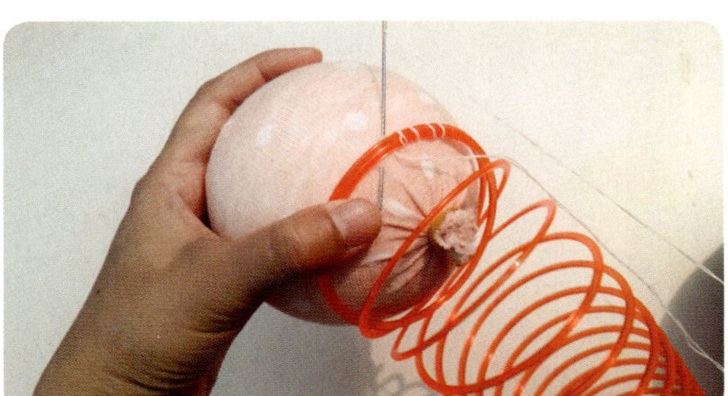

3

눈, 코, 입 얼굴을 장식하고 스티로폼 볼에는 어묵 꼬치로 머리와 꼬리를 고정시킨다.

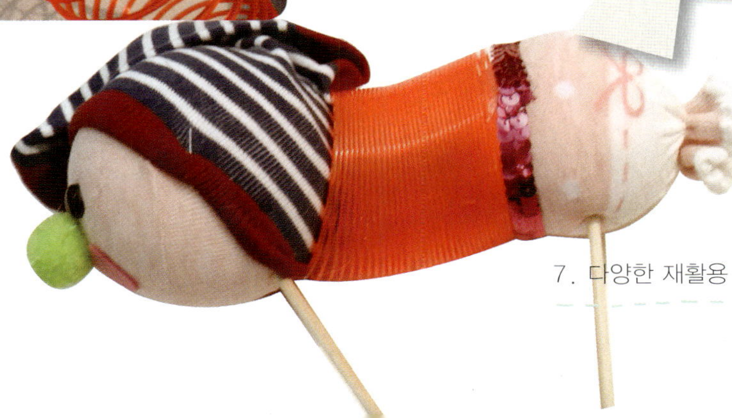

4

재미있게 몸이 늘어나는
애벌레 인형 완성!

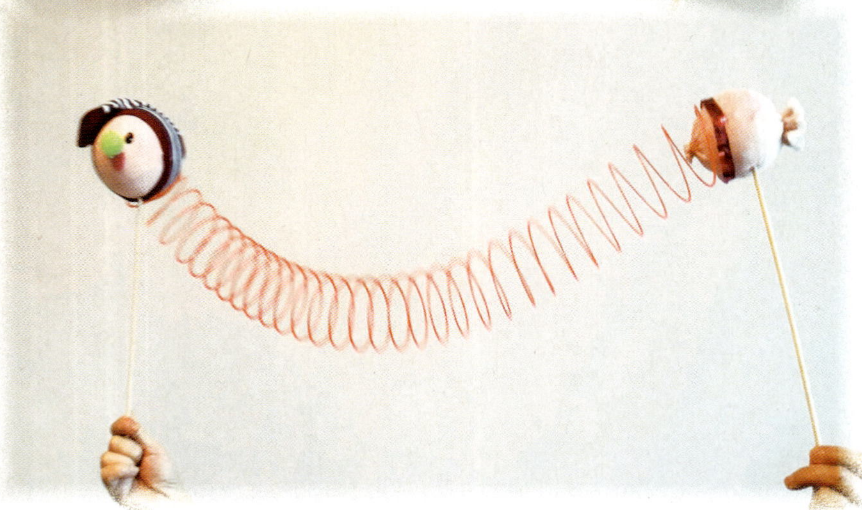

간단요약

1. 재료 준비
2. 머리, 꼬리 – 스티로폼 볼에 양말 씌우기
3. 몸통 – 스프링 연결하기
4. 조종 – 막대 달기
5. 눈 장식하기

3

난이도

애벌레 시리즈 [III]

작은 스프링 애벌레

준비물

- 병 닦는 솔
- 철 수세미
- 의자 발 커버
- 실, 바늘
- 다양한 색의 펠트지
- 칼
- 접착제(본드나 글루건)
- 눈 액세서리
- 스티로폼 볼
- 작은 스프링
- 고무줄
- 다양한 폼폰

병 닦는 솔을 이용한 또 하나의 늘어나는 애벌레 인형이다. 작은 스티로폼 볼과 의자 발 커버 그리고 철 수세미 등이 사용되었다. 이 인형은 위아래로만 흔들면 스프링처럼 통통 튀는 매력을 느낄 수 있다.

따라하기

1 스티로폼 볼에 칼집을 낸다.

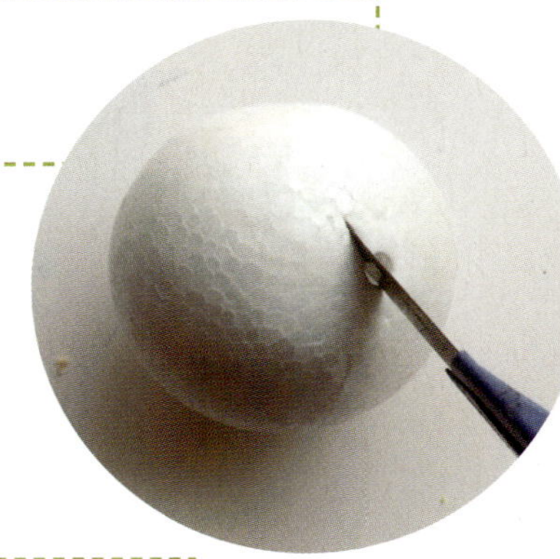

2 수세미 손잡이 부분에 고정시킨다.

3 의자 발 커버를 스티로폼 볼에 씌운다.

4 스티로폼 볼 머리에 철 수세미를 접착한다.

5 목 부분 스프링을 바느질로 고정시킨다.

간단요약

1. 재료 준비
2. 머리 – 스티로폼 볼에 의자 발 커버 씌우기
3. 몸통 – 병 닦는 솔에 스프링 연결하기
4. 장식 – 수세미 머리 모양 만들기
5. 눈 장식하기

4

난이도

애벌레 시리즈 [IV]
구부러지는 철사 몬스터

준비물

- 크리스마스 트리 장식
- 철사 옷걸이
- 다양한 폼폰
- 가위
- 접착제(본드나 글루건)
- 펜치
- 옷핀

간단하게 움직이는 몬스터를 만들어 보겠다. 크리스마스 트리 장식 술과 이 책에서 훌륭한 역할을 하고 있는 철사 옷걸이를 준비한다. 이 인형은 털이 많은 애벌레 인형으로도 가능하다.

1 철사의 끝부분을 구부려 폼폰을 집어넣는다. 철사 끝은 폼폰이 빠져나가지 않도록 꺾어 준다. 그리고 트리 장식을 옷걸이 철사에 두어 번 감아 준다.

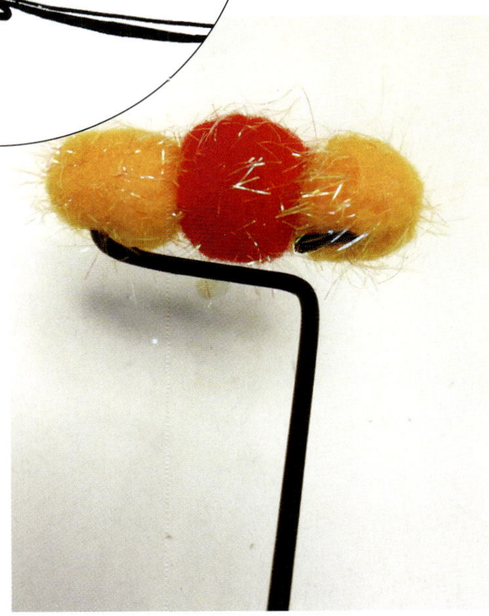

2

성글게 여러 번 트리 장식을 감아 준다.

3

트리 장식의 끝은 옷핀으로 연결하고 옷핀의 머리는 철사에 매달리게 만든다.

4 이 옷핀의 끝에는 다른 철사를 연결해 움직여 주고, 다른 한 손으로는 몸체를 지탱하고 있는 철사를 잡는다. 꼬리 부분에 달려 있는 옷핀과 조종대 철사를 움직여 주면 꼬물거리며 위아래로 움직이는 애벌레 몬스터를 만들 수 있다.

간단요약

1. 재료 준비
2. 얼굴 – 철사 옷걸이에 폼폰 끼우기
3. 몸통 – 크리스마스 트리 장식 감기
4. 꼬리 부분 – 철사 옷걸이에 옷핀 달기
5. 조종 – 옷핀 끝에 조종 철사 달고 움직여 주기

스토리텔링을 위한 활용서

날아라 애벌레
애벌레 찰리
나비가 되기 싫은 애벌레
배고픈 애벌레
애벌레 너, 딱 걸렸어!
꿈틀꿈틀 애벌레
나무와 애벌레
애벌레 꿈틀이
벌레가 좋아
사과와 나비
애벌레에서 나비까지
쭈글쭈글 애벌레
애벌레의 깜짝 변신
애벌레에게 날개 옷이 생겼어요!
나비가 태어났어요
애벌레는 어디에 숨은거야?
꼬마 애벌레 말캉이(전 2권)
나비가 팔랑팔랑
애벌레 포포가 나비가 되어요
배추 부인 뽐세라와 애벌레 친구들
꼼짝마 호진아, 나 애벌레야!
나비와 애벌레
신기한 애벌레 도감
잠을 먹는 애벌레
지름길
꿈틀꿈틀 자벌레
혼자서도 잘 크는 꼬물꼬물 애벌레
지렁이 굴에 들어간 브루노에게 무슨 일이 생겼을까?
애벌레의 모험
민들레와 애벌레
꼬물꼬물 애벌레는 혼자서도 잘 커요?
애벌레는 왜 그렇게 많이 먹나요?
나비가 되기 싫은 애벌레
애벌레에게 무슨 일이?

5 나비 인형

난 이 도 ★

준비물

- PP 파일이나 책받침
- 연필
- 종이
- 꽃 철사나 철사 옷걸이
- 칼, 가위
- 펜치
- 투명 테이프
- 접착제(본드나 글루건)

따라하기

1

pp 책받침과 꽃 철사를 준비한다. pp는 폴리프로필렌(polypropylene)의 약자로 가장 가벼운 플라스틱이라고 할 수 있다. 지금은 구하기가 좀 어려워진 책받침대신 파일의 겉면을 이용하여 가벼우면서도 단단한 재질의 것들을 만드는 데 이용하고 있다.

2

종이에 나비 모양의 본을 뜨고 pp에 옮겨 그린다.

3

pp에 그린 나비를 반으로 자른다.

간단요약

1. 재료 준비
2. PP에 나비 모양 만들기
3. PP 자르기
4. 조종 철사 붙이기

4

가운데 부분에 꽃 철사를 대고 앞 뒤 투명 테이프로 가볍게 고정시키고, 위아래로 가볍게 흔들어 나비를 표현한다. 이때 pp가 너무 무거워 꽃 철사가 휜다면 그냥 옷걸이 철사를 써도 무방하다.

스토리텔링을 위한 활용서

나비길 따라 나붇나붇
나비 뚱비
세밀화로 보는 나비 애벌레
배추 흰나비알 100개는 어디로 갔을까?
세밀화로 보는 호랑나비 한살이
날아라, 호랑나비야
나비를 잡는 아버지
봄날, 호랑나비를 보았니?
멋쟁이 용과 멋쟁이 나비
나비도 소리를 듣나요?
나비가 좋아지는 나비 책
박사님과 떠나는 알쏭달쏭 나비 여행
폭풍을 불러온 나비
네가 나비니?
나비는 어떻게 태어날까요?
나비가 되기 싫은 애벌레
나비를 잡으려고 했는데
아기와 나비
나비의 과거는 묻지 말아줘!
나비
나비의 숨바꼭질
사과와 나비
애벌레에서 나비까지
나비가 되고 싶어
아름다운 나비 이야기
안녕?거꾸로 여덟팔 나비
노랑나비 내 친구
소녀와 나비
나비가 태어났어요
나비가 팔랑팔랑
하늘꽃이 내 동생을 데려옵니다
애벌레 포포가 나비가 되어요
푸른 별 아이들
나비야
나비와 애벌레
생물의 한살이 나비
나비 일기
나비
우리 나비
나비를 따라갔어요
네 발 나비
코끼리 한 마리와 나비 두 마리
쉽게 풀어 쓴 우리 나비
나비는 왜 이동할까?
나비가 찾아왔어
나풀나풀 팔랑팔랑 아름다운 나비 일기
나비는 왜 이동할까?
나풀나풀 팔랑팔랑 아름다운 나비 일기
꽃이 피고 나비가 날고 웃음이 나와
나비야, 이리와 외
비로용담과 번개오색 나비
꿀벌과 나비에게 무슨 일이?
호랑나비가 되어요
큰 배추 흰 나비는 번데기를 어떻게 만들까?

Tip

애벌레 인형극과 함께 이용하거나
꽃 인형과 함께하면 더 좋다.

6

찜기 해바라기 막대 인형

난이도 ★

준비물

- 찜기
- 다양한 펠트지
- 다양한 눈 재료
- 가위
- 펜치
- 케이블 타이
- 접착제(본드나 글루건)
- 철사 옷걸이
- 다양한 EVA
- 낚싯줄
- 테이프
- 고무줄

스토리텔링을 하면서 많이 만나는 소재 중 하나가 꽃이다. 꽃의 이야기로는 무엇이든지 풀어낼 수 있고, 감성과 그 향기까지 전할 수 있다. 이 책에서 제시하는 해바라기 인형은 그런 따뜻한 마음으로 만들었다. 인형의 표정이나 감성 부분을 잘 활용한다면 아이들은 매우 좋아할 것이다.

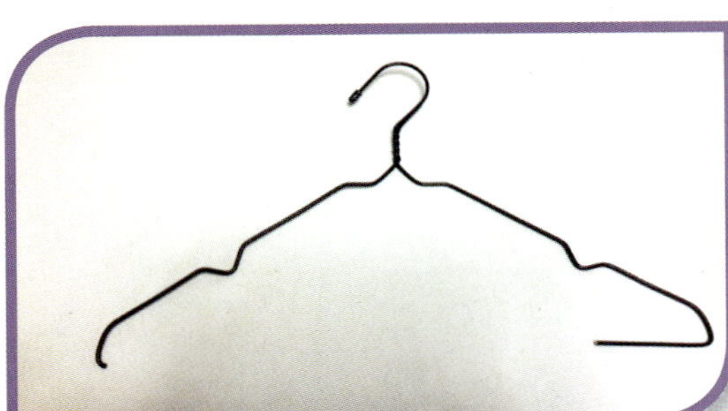

1

다른 인형을 만들다 남은 옷걸이를 준비한다.

2

구멍이 나 있는 찜기 안으로 옷걸이 철사를 집어 넣었다 빼면서 튼튼하게 고정시켜 준다. 특별히 고정시키는 다른 방법은 없다.

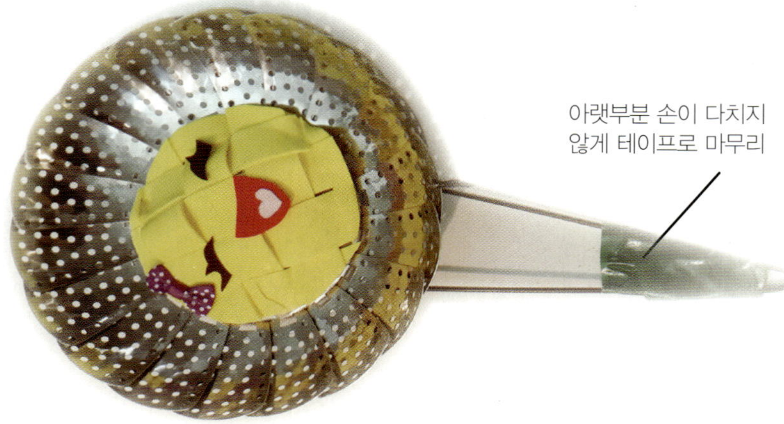

5

활짝 웃고 있는
해바라기 인형 완성!

3

옷걸이 철사와 찜기가
확실히 고정되게 하기
위해 고무줄이나 케이블
타이를 이용해 단단히
고정시켜 준다.

4

얼굴이 되는 부분은 EVA
로 작업해도 되고 동그랗
게 부직포로 붙여도 상관
없다.

6

낚싯줄은 4~5호를 이용하고 조종대는 나무 젓가락을 이용한다. 나무 젓가락 끝 부분에 홈을 내 주면 낚싯줄을 잘 묶을 수 있다. 조종대의 위치를 위아래로 바꿔가면서 인형이 잘 움직이는 것을 연습하면 된다. 위 그림과 같이 줄을 잡아당기면 찜기가 펴지고 반대로 잡아당기면 찜기가 오므려진다.

7

위 그림과 같이 검정색으로 표시된 구멍에 낚싯줄을 연결하여 조종하는 나무 막대기 양 끝에 고정시켜 준다. 나무 조종대를 기울이면서 낚싯줄을 당겼다가 놓았다를 반복하면 찜기가 펴졌다가 오므려졌다를 할 수 있게 된다. 이때 찜기는 보통 쇠로 만들어져서 낚싯줄을 한 줄만 이용하면 줄이 마모되어 금방 끊어질 수 있다. 낚싯줄을 두세 줄로 하거나, 두꺼운 낚싯줄로 작업을 하면 오래 쓸 수가 있다.

Tip

요즘엔 예쁜 색으로 만들어진 플라스틱 찜기나 실리콘 채반도 있으니 활용해 보기 바란다. 장치를 하지 않고 좀 더 유연한 움직임을 원한다면 그냥 플라스틱 소재로 된 찜기를 이용하는 것도 나쁘지 않다. 이 인형은 고개를 숙이면 잎사귀가 오므려지고 뒤로 젖히면 잎사귀가 펴지는 인형이다. 얼굴을 격자무늬로 하고 싶지 않을 때는 그냥 동그랗게 오리고 눈과 입만 붙이면 된다. 대표적인 해바라기 인형뿐 아니라 다른 꽃을 연기할 때도 활용해 보면 좋을 것이다.

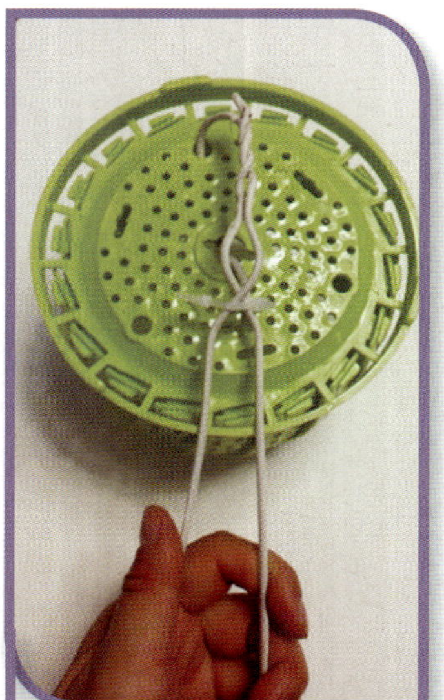

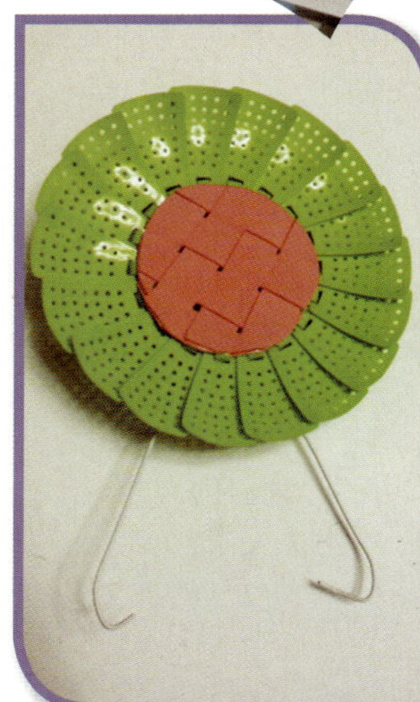

8

보기만 해도 행복한 웃음이 감도는 찜기 해바라기 줄기 부분에는 EVA나 부직포로 잎사귀를 만들어 주고 마무리한다.

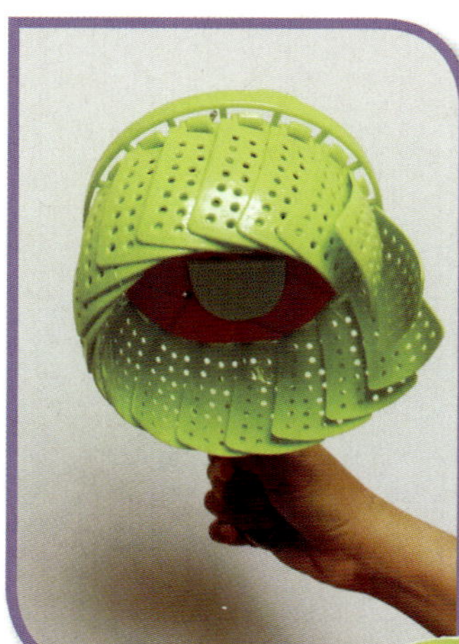

간단요약

1. 재료 준비
2. 지지대 – 찜기에 철사 옷걸이 고정시키기
3. 꽃 얼굴 만들기
4. 낚싯줄 연결하기
5. 조종대 움직이기

스토리텔링을 위한 활용서

세상에서 가장 유명한 해바라기
꽃씨 안이 궁금해
무지개꽃이 피었어요
오각형 꽃, 삼각형 줄기, 육각형 눈
오소리네 집 꽃밭
오늘 피어난 애기똥 풀꽃
튀어나와요! 움직여요! 꽃과 나무
수진이와 큰개불알풀꽃
꽃이 좋아
꽃 마중
꽃 한 송이가 있었습니다
예쁘지 않은 꽃은 없다(Tape 포함)
꼬꼬 아줌마네 꽃밭
꽃밭(CD 포함)
꽃이 핀다
아빠하고 나하고 만든 꽃밭에
고개너머 할미꽃
꽃
아기 꽃이 펑!
풀꽃 안녕
아빠, 꽃밭 만들러가요
꽃이 되고 싶은 작은 씨앗
연꽃이 돌아왔어요
자전거로 달에 가서 해바라기 심는법
바루의 작은 꽃
꽃의 전설
두근두근 꽃시장 나들이
꽃이랑 놀자
알록달록 예쁜 꽃
해바라기야!
요술 빵집의 새싹 한 컵
달래네 꽃놀이-화전놀이
빨간꽃 초록잎
나팔꽃
꽃할아버지의 선물
내 이름은 꽃
꽃밭
꽃비
꽃이 날아가요
코알라와 꽃
들꽃이 핍니다
풀꽃과 친구가 되었어요
세상에서 가장 큰 꽃
꿀벌과 나비에게 무슨 일이?
꽃이 피었어요
꽃

1

청소 시리즈 [1]
솔 머리 인형

난 이 도

★

준비물

- 변기 솔
- 옷 모양 수세미
- 철사 옷걸이
- 펜치
- 화장 퍼프
- 폼폰
- 모루
- 다양한 펠트지
- 다양한 눈 재료
- 가위
- 접착제(본드나 글루건)

이젠 변기 솔까지 등장했다. 여러 가지 재활용 인형을 만드는 데 고정 관념은 없애고 예쁘고 사랑스럽고 독특한 나만의 인형 만들기에 집중해 보자. 많은 아이디어가 떠오를 것이다.

따라하기

1

변기 솔에 수세미 옷을
입혀 준다.

2

얼굴이 되는 앞 부분의
솔들을 펜치로 잡아당겨
빼준다.

3

솔이 제거된 부분에
접착제를 바르고 화장
퍼프를 붙여 준다.

4

수세미 옷의 가로를 관통해 모루로
인형의 팔을 만들어 준다. 철사
옷걸이로 모루 끝을 고정해 주고
작은 폼폰 손을 만들어 준다

시중에 파는 눈을 이용

부직포로 만든 눈 제작 –
좀 더 생동감이 있다.

5

예쁘게 얼굴 모양을 완성해
주면 끝!

간단요약

1. 재료 준비
2. 옷 모양의 수세미 옷 입히기
3. 변기 솔 얼굴 만들기
4. 팔 연결하기
5. 옷 철사 조종대 연결하기

청소 시리즈 [II]
청소대장 빗자루 인형

난이도 ★

준비물

- 빗자루
- 화장 퍼프
- 폼폰
- 다양한 펠트지
- 다양한 눈 재료
- 가위
- 접착제
- 낚싯줄

유치원이나 어린이집에 가 보면 바른 정리 습관을 들이고자 가지고 놀았던 장난감이나 수업했던 교구를 정리하는 시간을 준다. 이때 선생님이 아니고 빗자루 인형이 "자 ~청소시간!" 이렇게 외치면 어떨까?

1

빗자루를 준비한다. 빗자루의 모양과 크기는 상관없다.

2

준비된 화장 퍼프를 반으로 자른다.

3

자른 화장 퍼프와 똑같은 크기의 pp를 오려 준다.

4

바늘이나 송곳을 불에 달군 뒤 PP에 구멍을 뚫어 준다.

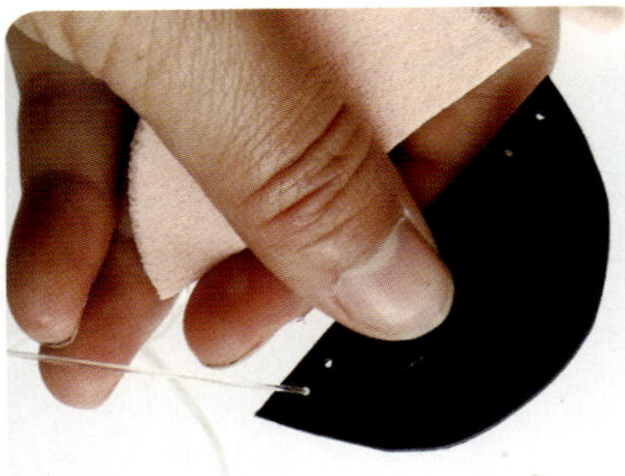

〈뒷면〉

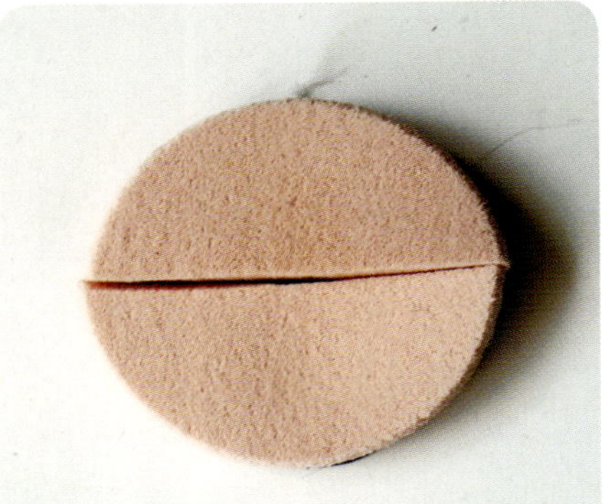

〈앞면〉

5

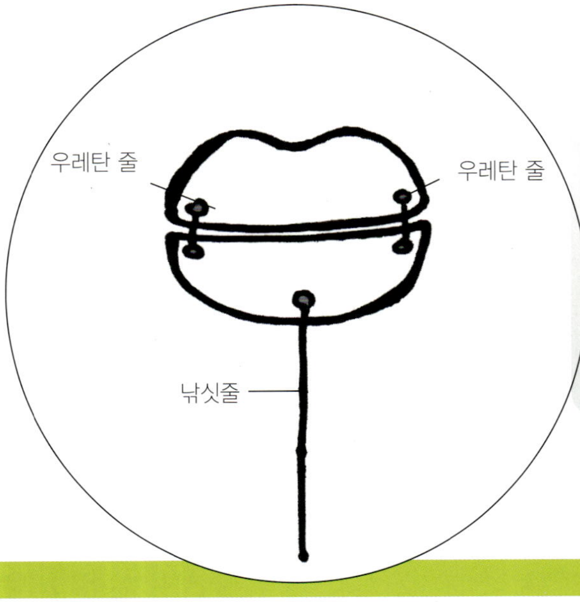

6

구멍 뚫은 PP는 위아래를 우레탄 줄로 연결해 주고 잘라 놓은 화장 퍼프를 붙인다.

구멍 뚫은 PP는 양옆을 우레탄 줄로 연결해 주고 입술면에 화장 퍼프를 붙인다. 위 그림에서도 알 수 있듯이 윗입술과 아랫입술은 우레탄 줄로 연결되어 있고 아랫입술의 가운데 부분은 낚싯줄로 연결되어 있다.

7

TIP

이 시스템만 잘 이용한다면 모든 사물에 적용시킬 수 있다. 모든 사물에 입을 달아 움직이는 인형을 만드는 것은 결코 어렵지 않을 것이다.

빗자루에 폼폰으로 눈을 만들어 주고, 입을 붙여준다. 이때 주의점은 입술을 붙일 때는 윗입술만 붙여야 하고 아랫입술은 움직여야 하기 때문에 절대로 붙이면 안 된다는 것이다.

8

눈과 머리, 얼굴 부분을 장식한다.

간단요약

1. 재료 준비
2. 화장 퍼프, PP 입 만들기
3. 눈 붙이기
4. 입 붙이기(윗입술만)
5. 낚싯줄 연결하기
6. 얼굴 및 액세서리 장식하기

9

움직이는 인형 입술

낚싯줄 아래에 고리나 ○링을 만들어 그곳에 손가락을 넣고 잡아당기면 사진과 같이 입이 움직인다.

9

청소 시리즈 [III]
쓱싹쓱싹 수세미 인형

난 이 도
☆

준비물

- 스펀지 수세미
- 집게
- 다양한 펠트지
- 칼, 가위
- 접착제(본드나 글루건)
- 눈 재료

1

2

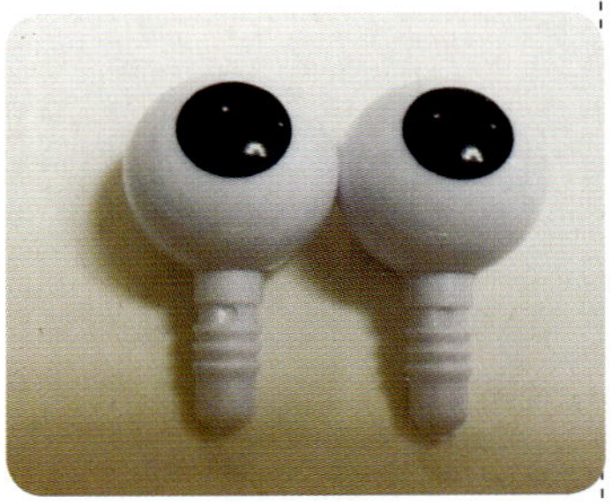

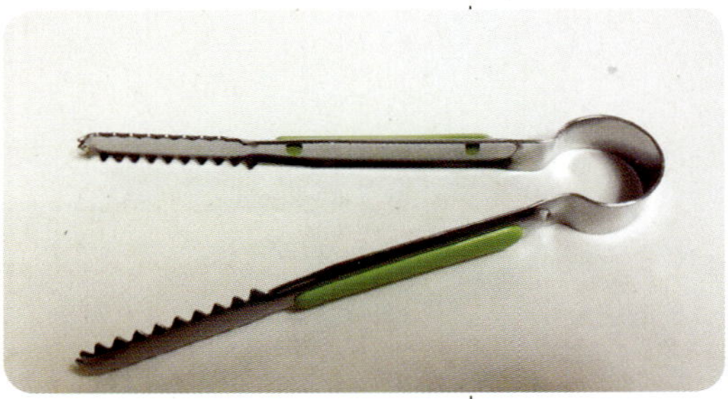

3

쉽게 구할 수 있는 수세미를 준비한다. 수세미의 뒷부분에 본드 접착제를 바른다.

접착제를 바른 뒷부분에 부직포를 대어 준다. 칼집을 표시하고 칼로 틈을 내어 준다.

장난기 가득한 플라스틱 눈과 작은 집게를 준비한다.

4

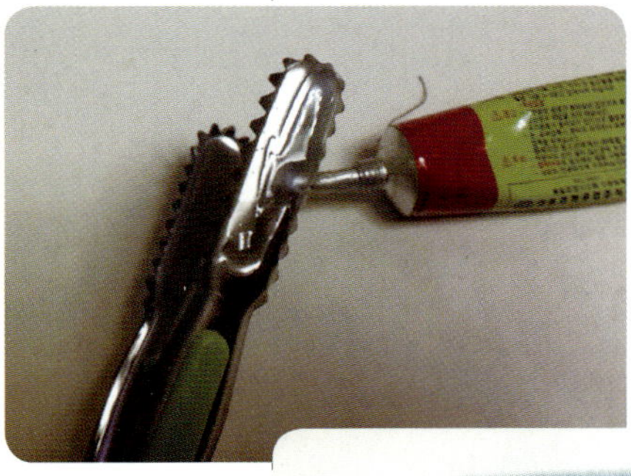

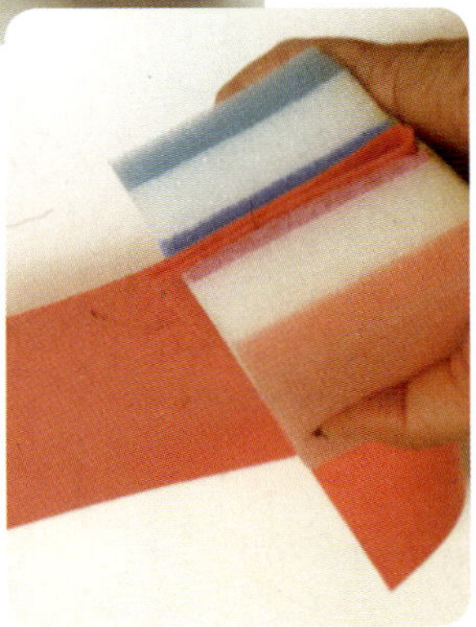

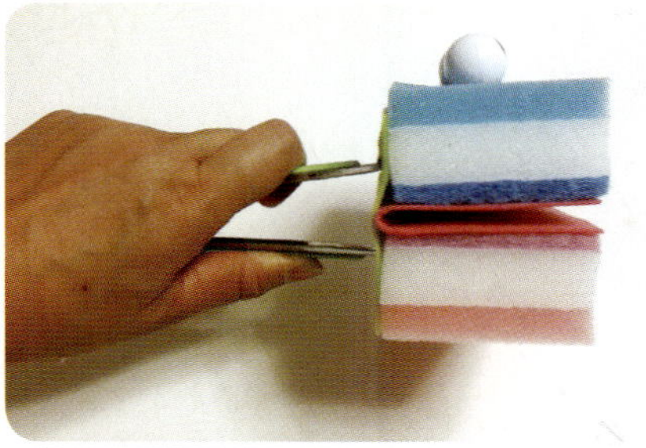

5

이 인형도 마찬가지로 입이 벌어지는 인형이기 때문에 개구리라든지 악어로도 활용 가능하다.

간단요약

1. 재료 준비
2. 두 개의 수세미 뒷부분이 연결되도록 이어 주기
3. 뒷부분에 칼집 내기
4. 본드를 칠한 집게를 집어 넣고 고정시키기
5. 입 안 장식하기
6. 얼굴 및 액세서리 장식하기

집게에 접착제를 바르고 칼집을 낸 스펀지에 끼워 넣고 고정시킨다. 그리고 반대편 쪽은 스펀지를 접은 상태로 부직포를 접어 넣어 입 안을 완성한다.

입을 열고 닫는 스펀지 인형의 옆모습

스토리텔링을 위한 활용서

어린이 정리정돈 습관
감기 벌레는 집짓기를 좋아해
나 혼자 해 볼래 정리정돈
방을 꼭 정리해야 해요?
책 청소부 소소
개구쟁이 아치 12-청소는 즐거워
청소하는 암소 무
정리하기 싫어
뒤죽박죽에서 멋지게 탈출하는 방법
레아의 엉망진창 방 정리정돈하기(전 1권)
청소하기 싫어!
시간에 쫓기지 않고 성공하는 정리형 아이
청소 언제 할래?
내 정리 습관이 어때서!
정리대장 꿀돼지
봄 맞이 대청소
구리와 구라의 대청소
청소부 토끼

이미지 샘플

10

이불 집게 악어

난이도

준비물

- 이불 집게
- 펜
- 접착제(본드나 글루건)
- 펠트지
- 가위

입을 커다랗게 벌리는 악어는 상상만 해도 재미있을 것이다.
수업시간에 떠드는 아이들을 위한 악어 집게는 어떨까?

따라 하기

1

이불 집게를 대고 악어의 옆모습을 그린다.

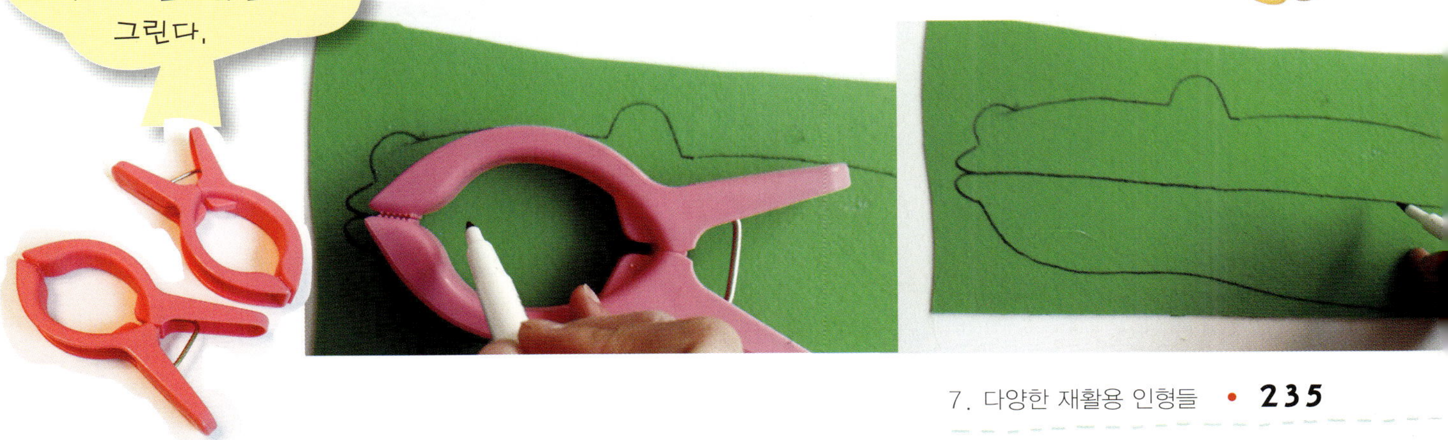

2

악어 모양을 오려 낸다.
이때 입은 반으로 완전히
잘라 준다.

3

오린 악어 모양을 이불 집게
위에 얹어 본다.

4

이빨은 위, 아래 입에
다 붙여준다.

5

이불 집게 위아래 부분에
접착제를 바른다.

6

악어의 앞부분에 예쁜 장식을 해 준다.

7

악어 뒷부분은 이불 집게가 노출되어 있다.

TIP

입이 크게 벌어지기 때문에 늑대 인형으로도 활용 가능하다.

간단요약

1. 재료 준비
2. 이불 집게 위에 악어 그림 그리기
3. 윗입과 아래 턱이 분리되도록 자른 부직포를 집게 위 아랫부분에 각각 붙이기
4. 얼굴 및 액세서리 장식하기

8

악어가 입을 열고 닫는 모습

스토리텔링을 위한 활용서

달을 삼킨 악어
꼬마 악어야, 왜 화가 났니?
밀림으로 돌아간 악어 가죽 가방
악어가 최고야!
악어 우리나
호랑이도 치카치카 악어도 치카치카
악어랑 오리랑
악어의 목욕 놀이
놀라운 악어 악어를 물리치는 주문 바리바리발라라라
악어에게 친구가 생겼어요
저어새와 악어
서서 걷는 악어 우뚝이
악어 딱딱
산토끼와 악어 이야기
악어의 눈물
악어 입으로 뛰어든 개구리
새끼 악어가 엄마를 찾아요
악어도 깜짝, 치과의사도 깜짝!
악어야, 악어야
악어 입과 하마 입이 만났을 때
너도 악어 친구 갖고 싶니?
신발 속에 사는 악어
친구가 된 악어와 두꺼비
글자 먹는 악어
날씬한 할머니와 날쌘 악어
꼬마 악어 크로코가 다쳤어요
아빠, 악어를 조심하세요!
우리집 하수도에 악어가 산다
악어야, 내가 이빨 청소해 줄까?
못 말리는 클레오파트라와 배고픈 악어
악어 연필깎이가 갖고 싶어
궁금한 게 많은 악어 임금님
악어
엄마뱃속에 악어가 들어 있어!
악어가 찾아왔어요
악어가 의사를 찾아요
책으로 집을 지은 악어
침만 꼴깍꼴깍 삼키다 소시지가 되어 버린 악어 이야기
악어소녀 수
악어가 안경을 썼어요
초록색 악어 알리스
긴급 출동! 춤추는 악어, 알베르토를 찾아라!
지갑이 떨어져 있었어요
침대 밑 악어
욕조 안의 악어
커다란 악어 알
먹보 꼬마 악어
악어를 잡아라
악어랑 함께 살거야
악어는 배가 고파요

이미지 샘플

11

즐거운 CD 곰 인형

난 이 도

준비물

- CD
- 벙어리 오븐 장갑이나 목욕용 장갑
- 가위
- 접착제(본드나 글루건)
- 폼폰
- 다양한 펠트지
- 다양한 양모 펠트 털

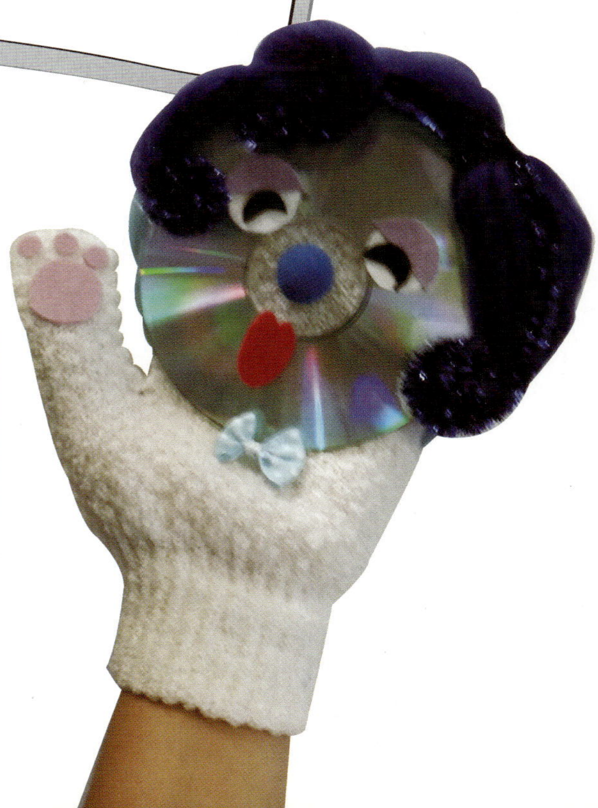

음악이 나올 것만 같은 CD 인형을
금방 만들어 보자.

따라하기

1

CD와 양모 펠트 털 그리고 목욕용 장갑이 필요하다.

2

먼저 목욕용 장갑에 CD를 붙이고 CD 외곽 부분에 접착제를 바른다.

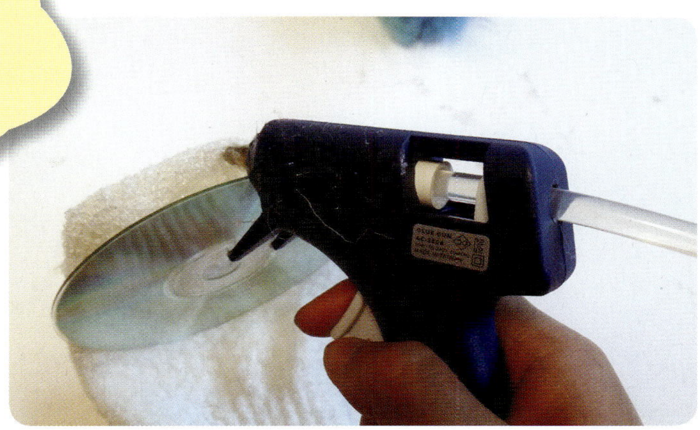

3

미리 준비한 양모 펠트 털을 꼬아서 얼굴인 CD 주위를 둘러 가며 머리 모양을 완성시킨다.

4

머리 뒷부분은 양모 펠트 털로 장갑을 완전히 가릴 수 있도록 접착제로 붙여 준다.

5

얼굴 부분에 눈, 코, 입을 장식하고 마무리하면 즐거운 CD 인형 완성!

Tip

CD만 있으면 곰 인형뿐 아니라 모든 인형으로도 활용 가능하다.

간단요약

1. 재료 준비
2. 목욕용 장갑에 CD를 붙인다.
3. 펠트 털로 머리 장식하기
4. 얼굴 및 액세서리 장식하기

이미지 샘플

12

고무장갑 문어

난이도

준비물

- 고무장갑
- 눈 재료
- 어묵 꼬치나 튀김 젓가락
- 스티로폼 볼
- 접착제(본드나 글루건)
- 그 외의 액세서리 재료들
- 고무줄
- 작은 단추들

고무장갑과 문어, 오징어는 미끌거리는 것이 재질감도 비슷한 것 같다. 고무장갑 두 개로는 문어 인형을 하나 만들 수 있다.

따라하기

1

먼저 머리를 만들기 위해 고무장갑의 손목 부분을 자른다. 안에 스티로폼 볼을 넣어 준 뒤 어묵 꼬치를 꽂아 주고 위아래 부분을 고무줄로 단단히 고정시킨다.

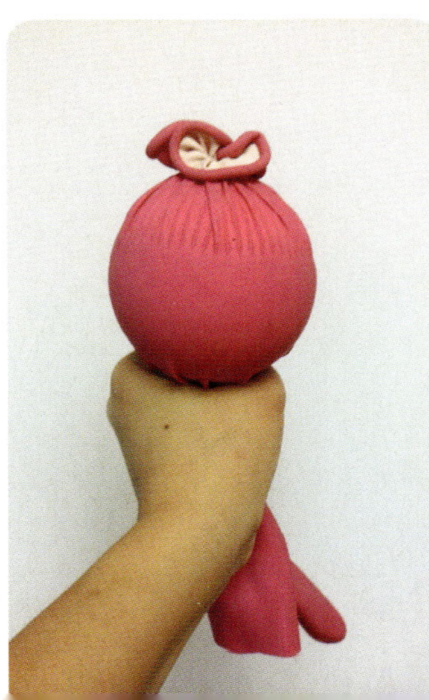

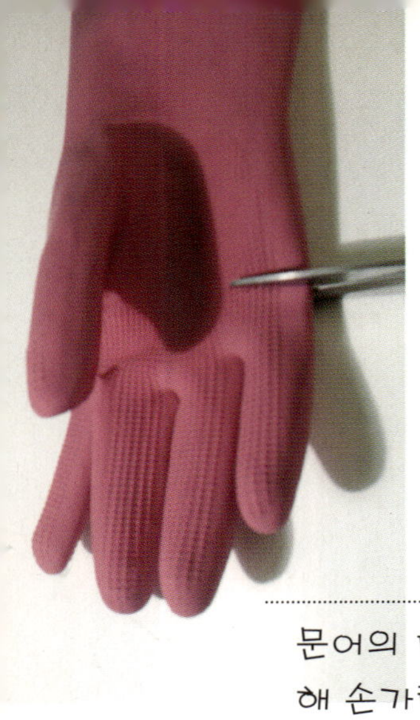

2

문어의 다리를 만들기 위해 손가락 부분을 네 개를 한꺼번에 잘라 준다.

3

문어의 다리가 8개이므로 한 켤레의 고무장갑의 손가락 모두를 잘라 주고 어묵 꼬치 주변으로 돌려 가며 접착제를 발라 단단히 고정시킨다.

4

문어의 입은 엄지손가락으로 만든다. 손가락 끝부분을 안으로 밀어 넣어 주고 이때 접착제를 발라 주어 바깥으로 튀어 나오지 않게 만들어 준다.

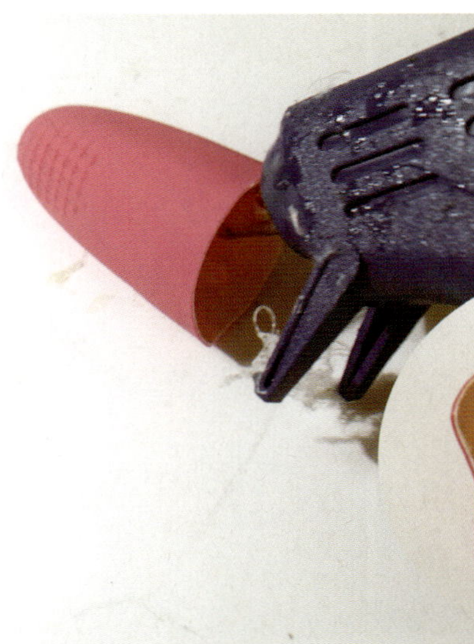

겉으로 보이는 입 모양

접착제 바른 입 뒤쪽 사진

5

문어의 입까지 글루건으로 붙이고 연결된 목 부위를 장식해준다.

6

여러 가지 색의 작은 단추로 문어 빨판을 만들어 주면 귀여운 문어 인형 완성!

작은 단추를 구하기 힘들다면 여러 가지 색의 작은 폼폰을 이용해도 좋다

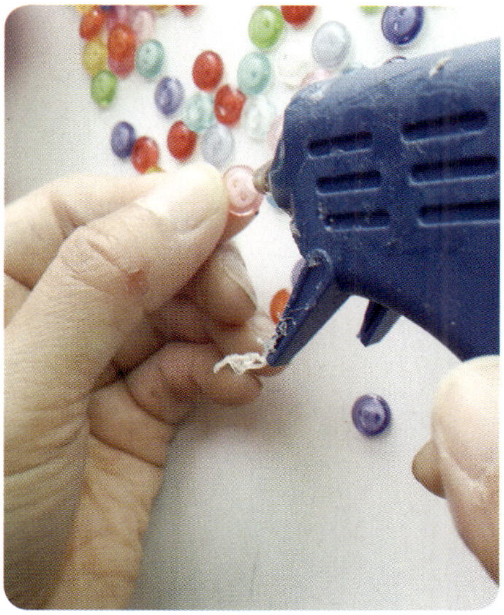

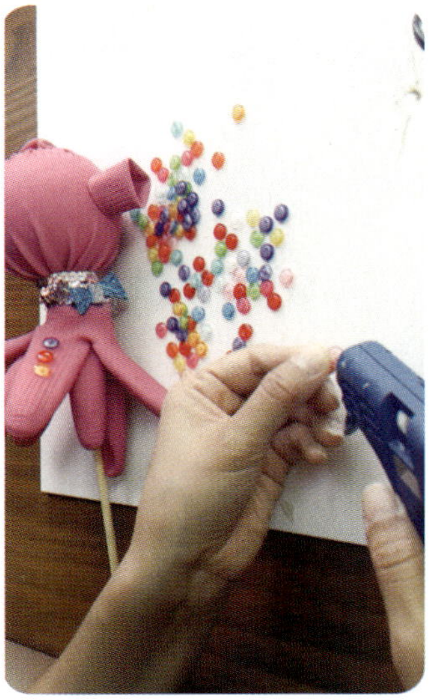

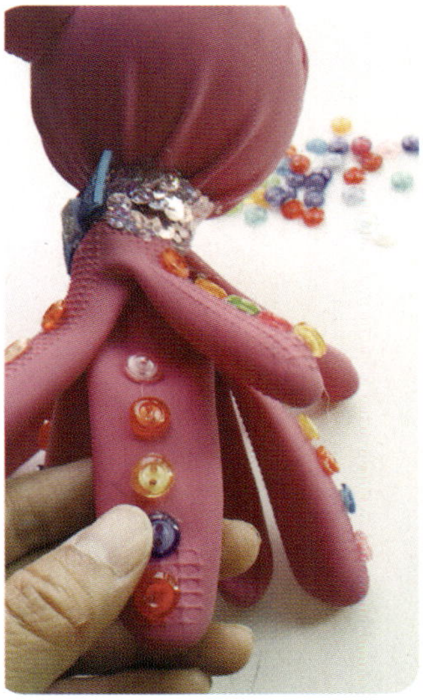

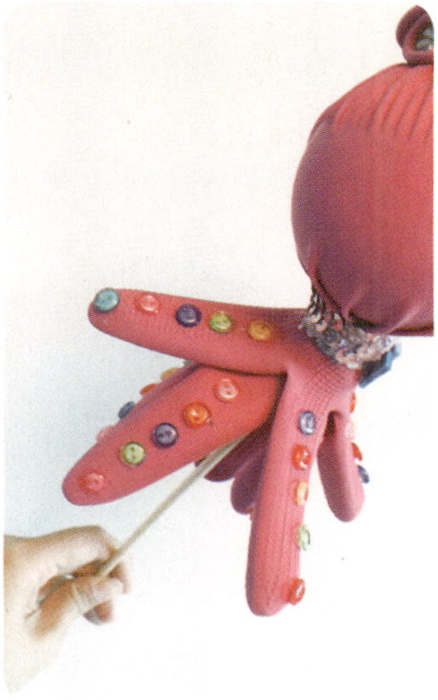

7

문어 눈을 만들어 준다. 이런 눈을 구입하면 좋겠지만 없으면 부직포로 만들면 된다.

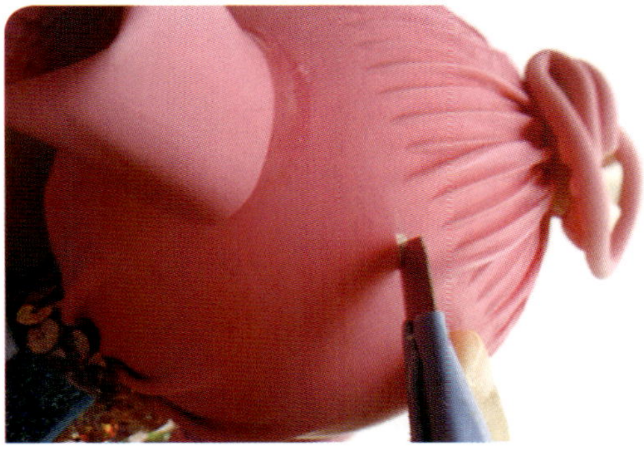

8

빨판이 화려한 문어 인형 완성!

간단요약

1. 재료 준비
2. 스티로폼 볼에 막대기를 꽂고 고무장갑의 손목 부분 씌우기
3. 고무장갑의 손가락 부분을 스티로폼 얼굴 아래에 돌려가며 붙여 주기
4. 얼굴 및 액세서리 장식하기

13

고무장갑 오징어

난이도

준비물

- 고무장갑
- 여러 가지 색의 EVA
- 눈 재료
- 여러 가지 색의 폼폰
- 접착제(본드나 글루건)

문어에 이어 고무장갑으로
오징어를 만들어 보자.

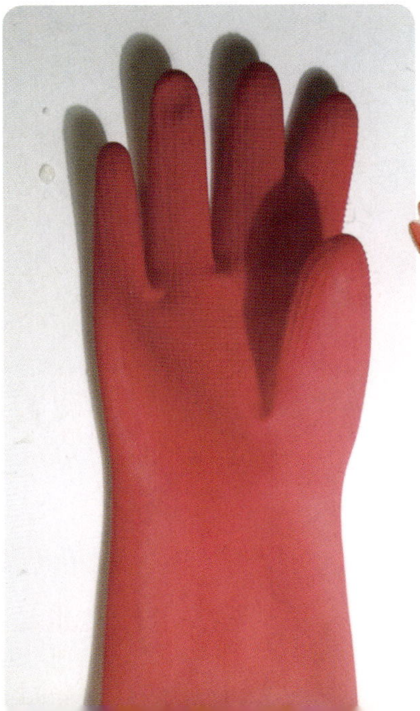

따라하기

1

오징어의 몸통 부분은 EVA를 이용해 간단히 만들어 보고 고무장갑 손등 부분에 붙여 준다.

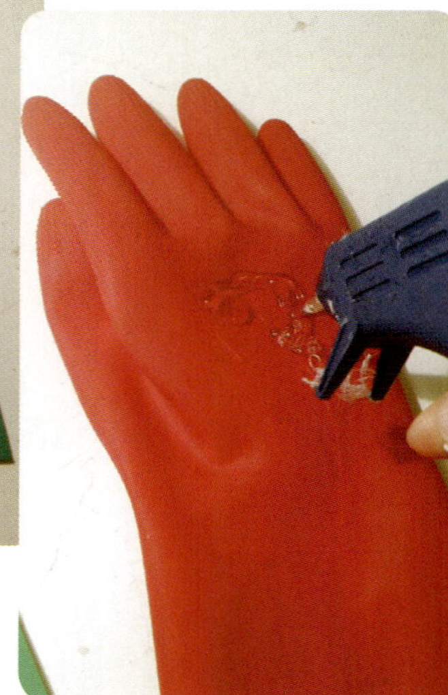

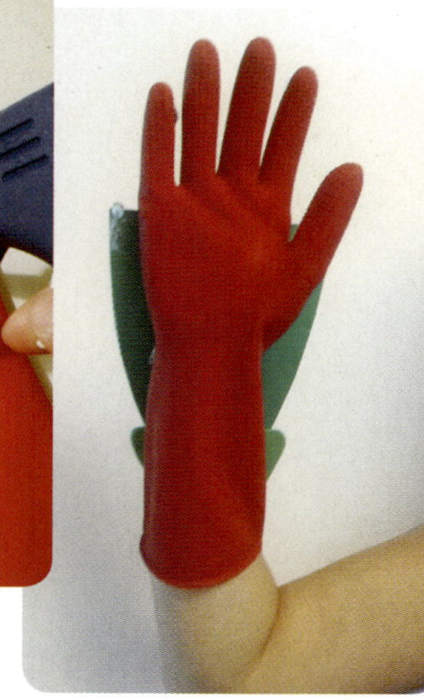

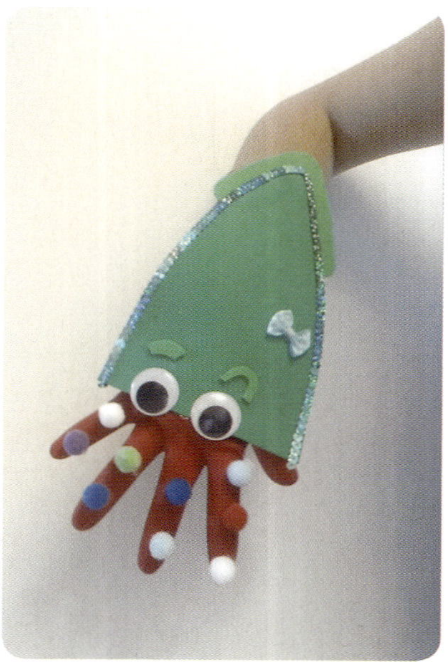

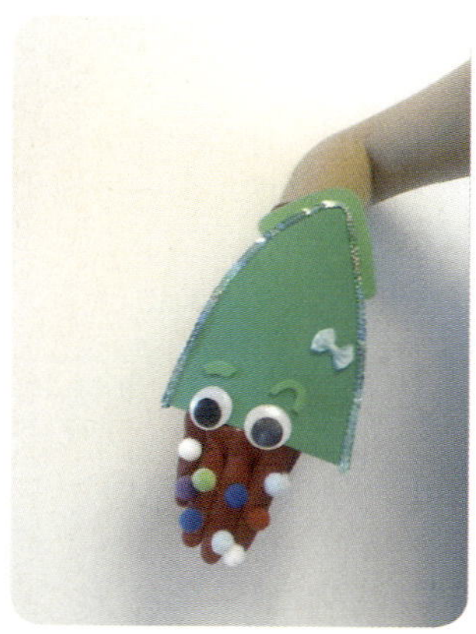

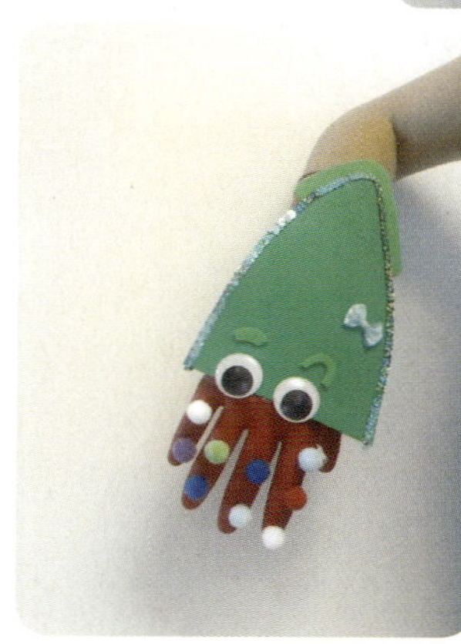

2

오징어 눈도 붙여 주고 다리 부분에 색색의 폼폰으로 장식해 주면 귀여운 오징어 인형 완성!

간단요약

1. 재료 준비
2. 고무장갑의 손목 부분에 오징어 모양 붙이기
3. 얼굴 및 액세서리 장식하기

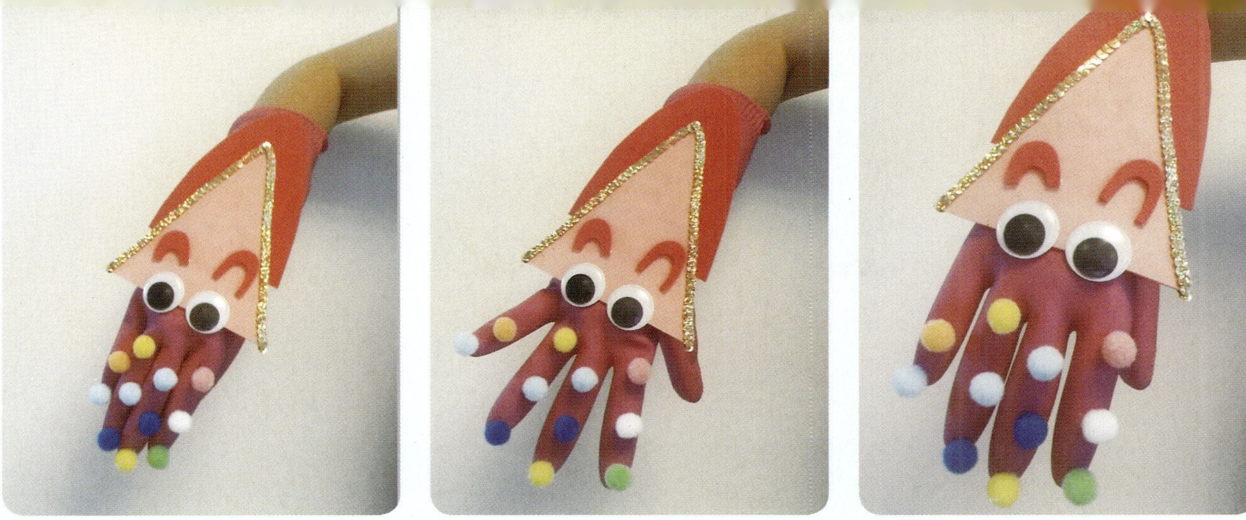

색색의 폼폰으로 장식된 오징어 다리

스토리텔링을 위한 활용서

안녕, 내 친구 오징어 외계인

LOST! 로스트 8-대왕 오징어를 찾아 심해로 사라지다

오징어와 검복

오징어 섬의 어린 왕자

반짝반짝 아기 돼지 오징어

춤추는 오징어

14

목욕용 극세사 손걸레 인형

난 이 도 ★

준비물

- 극세사 손 걸레
- 모루
- 철사 옷걸이
- 펜치
- 다양한 폼폰
- 접착제(본드나 글루건)
- 어묵 꼬치나 튀김 젓가락
- 칼

요즘에는 예쁜 상품이 많이 나와서 인형처럼 생긴 목욕용 극세사 손 걸레를 구입하게 되었다. 모루와 철사 옷걸이, 튀김 젓가락을 이용하여 팔로 줄다리기를 할 수 있는 인형을 만들어 보자.

1 인형의 몸통에 가로로 구멍을 내고 옷걸이에
모루를 연결해서 가로로 관통해 준다.

2 모루의 끝은 철사 옷걸이로 고정시켜 주고
폼폰으로 손을 만들어 준다.

3 이 인형은 팔 부분을 고정시키지 않고 양쪽 옆으로 잡아 당겨 주면
서 팔 길이를 조절할 수 있다. 아이들과 함께 잡아당기면서 늘렸다
줄였다 하면서 놀아 보자.

4 줄다리기하는 인형 완성

간단요약

1. 재료 준비
2. 인형 몸통에 가로로 모루를 통과시킨다.
3. 모루 끝에 철사 옷걸이를 연결하고 조종한다.

냠냠 햄버거 인형

난 이 도 ★★

준비물

- 채반 두 개
- 양말 한 켤레
- 고무줄
- 케이블 타이
- 가위
- 접착제(본드나 글루건)
- 다양한 색깔의 EVA
- 눈알 재료

무한 매력을 주고 있는 채반이 다시 등장했다.
이번엔 두 개의 채반으로 커다란 입을 벌리는 햄버거 인형을 만들어 보고자 한다.

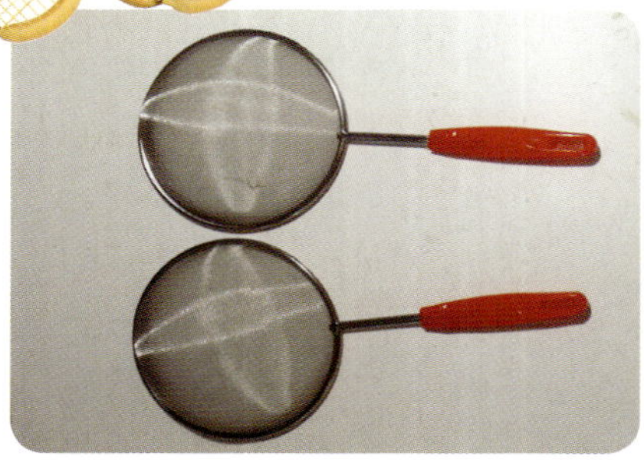

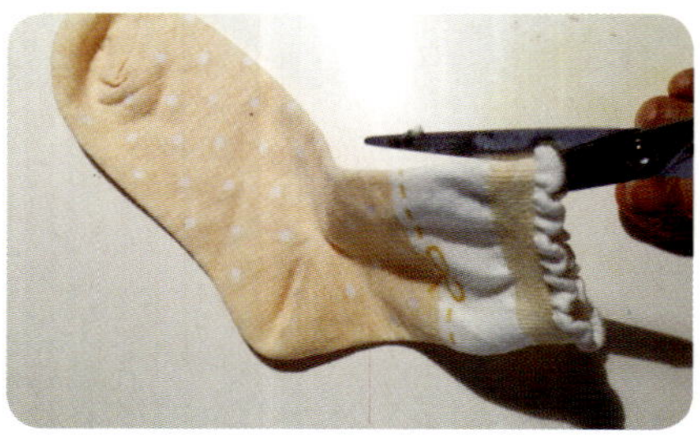

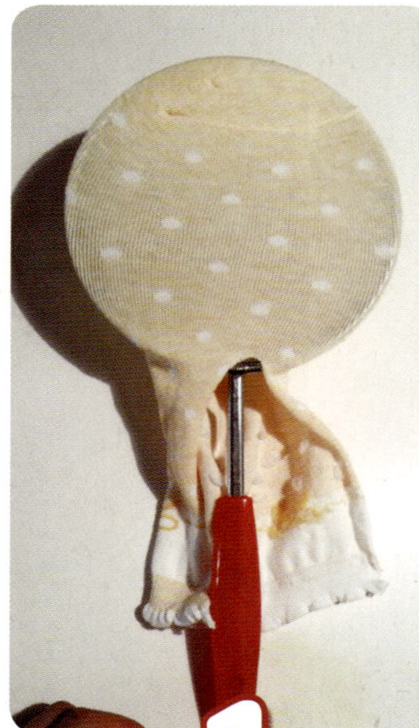

1 채반 두 개에 양말을 씌운다. 양말의 등 부분만 가위질을 하고 뒷꿈치 부분을 넓게 펴서 채반을 감싸 안는다.

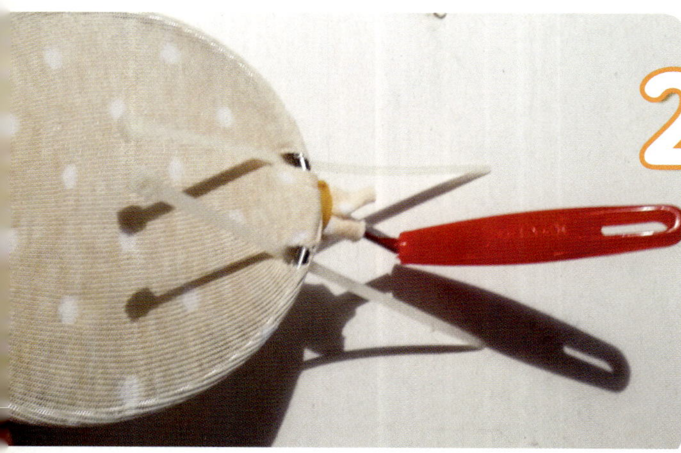

2 준비된 채반 두 개 중 아랫부분만 고무줄로 고정시킨다.

3 이 둘의 연결을 위해 케이블 타이로 두 개의 손잡이를 고정시켜 준다. 손잡이는 연기하기 편하게 꺾어 준다.

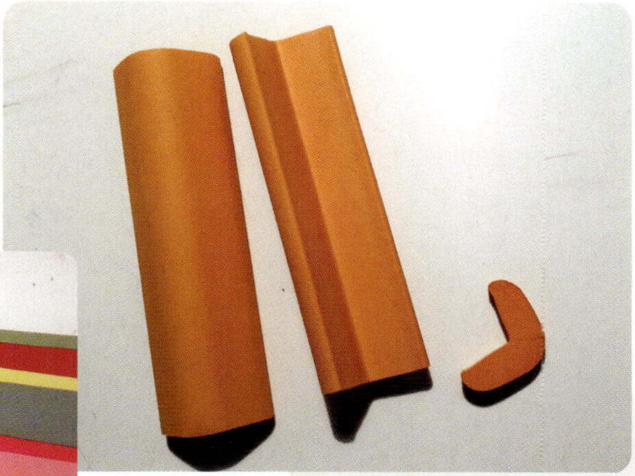

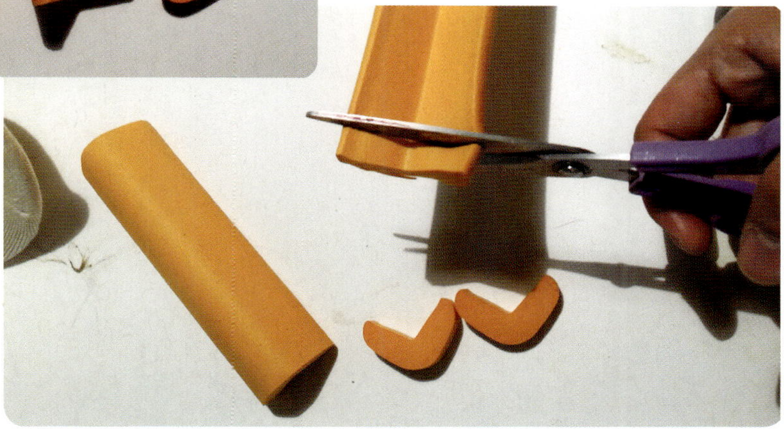

4 햄버거 속 재료를 만들기 위해 다양한 두께의 EVA를 준비한다. 그리고 또 다른 재료는 모서리 방지용 쿠션으로 다양한 모양을 추가할 수 있다.

5 채반으로 만든 빵 안에 햄버거 속 재료들을 먹음직스럽게 배치하고 눈을 달아 주면 말하는 햄버거 인형 완성!

간단요약

1. 재료 준비
2. 두 개의 채반에 양말 씌우기
3. 케이블 타이로 채반을 마주 보게 고정시킨다.
4. 여러 가지 색의 EVA로 햄버거 속 장식하기

스토리텔링을 위한 활용서

햄버거랑 피자랑, 맛있는 것만 먹을래!
이 잘 닦아 공주와 이 안 닦아 왕자 에드몽은 왜 채소만 먹게 되었을까?

16

기분 따라 바뀌는 포스트잇 얼굴 인형

난 이 도
★★

준비물

- 포스트잇
- 각질 제거용 막대기
- 양말
- 깔때기
- 모루
- 폼폰
- 가위
- 접착제(본드나 글루건)
- 다양한 펠트지
- 다양한 눈 재료
- 다양한 양모 펠트 털

텔레비전 프로그램이 아닌 인형극 공연이나 인형극 수업은 관객과의 공감을 통한 상호작용을 한다. 하지만 인형은 똑같은 얼굴을 하고 있고 몸짓으로 그 감정을 표현해야 하기 때문에 웬만큼 연기를 잘하지 않으면 오히려 수업이나 공연에 방해가 된다. 그런데 자기의 말을 들어주고 즉각적으로 반응을 해 주는 인형이 있다면 기분이 어떨까? 연기자는 목소리의 변화를 주면서 웃는 인형을 울게 만들 수도 있지만 이 인형은 그보다 한발 더 나아가 아이들에게 구체적인 감정을 전달하거나 공감할 수 있다.
수업이나 공연을 오래한 베테랑 연기자나 선생님이라면 즉각적으로 그림을 그려서 표현할 수 있고, 준비성 강한 선생님이라면 정해진 프로그램 안에서 적절히 활용할 수 있는 교수매체가 될 것이다.

따라하기

1

각질제거용품 위에 접착제를 바르고 포스트잇을 붙여 준다.

2

몸통에는 양말을 씌워주고 뒷머리는 펠트털로 장식하고 모자는 깔때기로 하여 모루로 장식하여 만들어 준다.

3

얼굴 표정들은 포스트잇이 얇아서 한 장씩 하다간 비칠 수 있다. 진하게 표현하는 이미지가 있다면 두 장씩 겹쳐서 쓰면 된다.

4

기분 따라 표정이 바뀌는 포스트잇 얼굴 인형 완성!

간단요약

1. 재료 준비
2. 막대기 얼굴 부분에 포스트잇 고정시키기
3. 몸통은 양말로 씌워 주기
4. 머리 뒷부분은 펠트 털로 장식하기
5. 깔때기로 모자를 만들어 주기
6. 다양한 얼굴 표정의 포스트잇 만들어 주기

17

양말 뱀 인형

난이도 ★★

준비물

- 다양한 무늬의 긴 양말
- 구슬 솜
- 실, 바늘
- 가위
- 다양한 눈 재료
- 다양한 펠트지
- 다양한 머리카락 재료
- 접착제(본드나 글루건)
- PP 파일

필자는 줄무늬로 만들어진 예쁜 양말들을 볼 때면 신어 보고 싶은 마음보단 인형을 만들고 싶은 마음이 먼저 생긴다. 이 책을 집필하게 되면서 상상했던 것들을 현실화시키게 되니 기분도 좋고 뿌듯한 마음이 든다.

1 색색의 줄무늬 양말 여러 켤레에다가 솜을 채워 넣고 서로 서로 꼬리를 물듯이 길게 이어 준다.

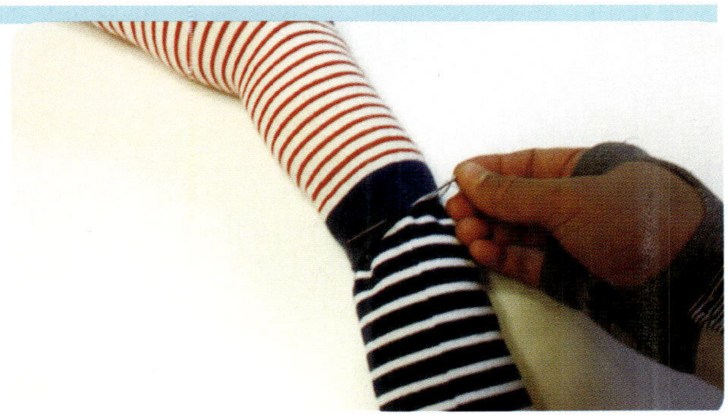

2 몸통 부분은 양말의 반쪽 부분만 사용하였지만 머리가 되는 부분은 모든 형태를 사용하였다. 머리 모양, 색과 같은 나머지 한 짝을 아래턱으로 만들기 위해 나란히 형태를 맞추어 본다.

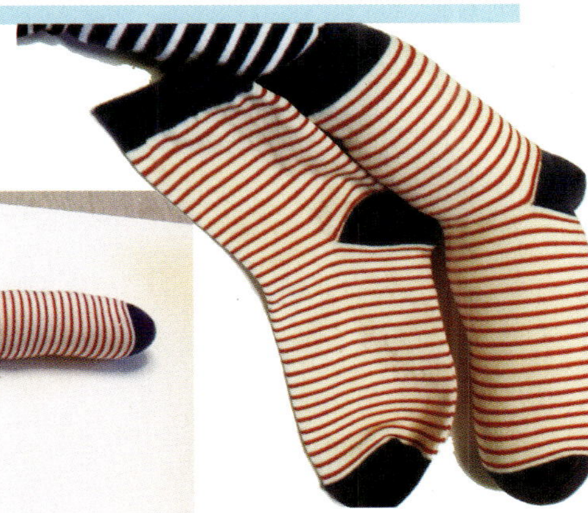

3 솜이 들어 있는 머리 부분의 중간 부분을 칼로 오려 내고 안에 있는 솜을 적당량 빼낸다.

인형 안에 연기자의 손이 들어갈 정도의 공간 확보

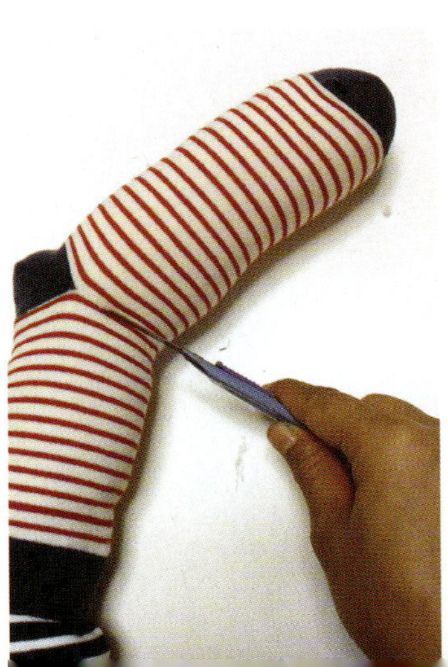

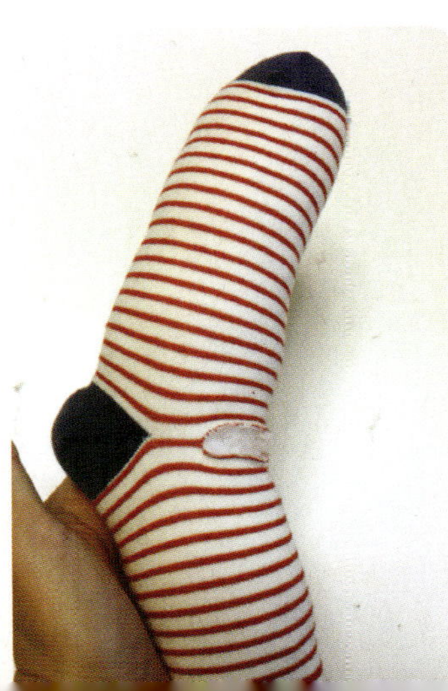

4 다음과 같은 모양의 PP 재질의 판을 준비해 놓는다.

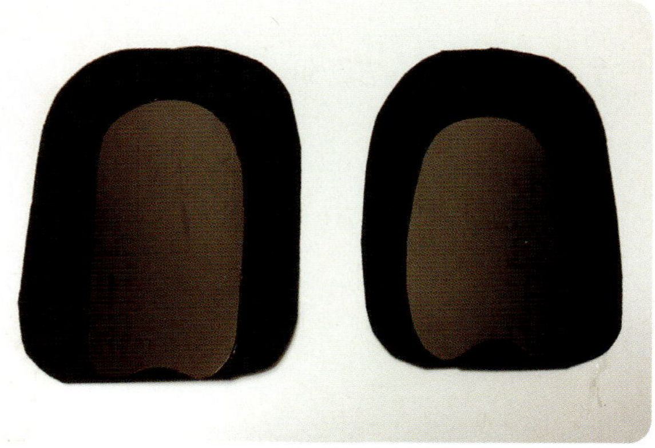

5 다른 양말의 앞 부분만 오려 내어
바닥 쪽에 PP를 붙인다.

6 아래가 PP로 되어 있는 단단한 포켓 형태의 주머니를 위아래 두 개 준비한다.

7

머리가 되는 양말의 위와 아래 부분에 이 포켓을 집어 넣는다.
입천장 부분이 평평해지는 것을 알 수가 있다.

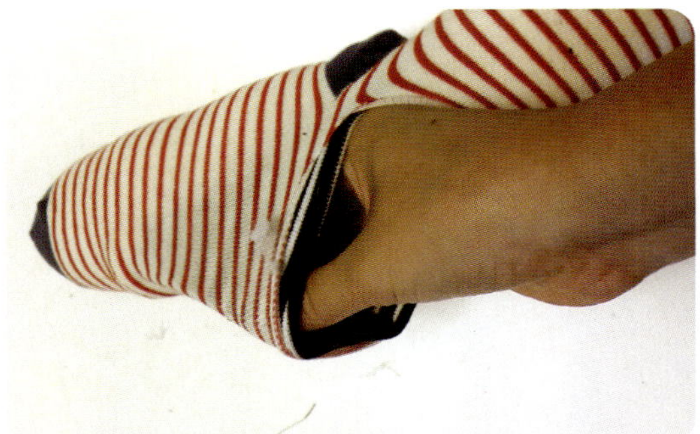

8

아래턱이 되는 양말에 아래와 같이 뒷꿈치를 잘라 주고 이 포켓을 집어 넣는다.
그리고 포켓 외 부분(턱)에 적당량의 솜을 채워 넣는다. 그리고 양말의 발뒤꿈치 부분도 인형 머리에 잘 고정시켜 준다.

9

위쪽 머리 부분에는 연기자의 네 손가락이 들어가고 아래턱이 되는 부분에는 연기자의 엄지손가락이 들어간다.

10 아래 사진처럼 바느질로 연결한 뒤 입 안쪽을 부직포로 붙이면 끝!

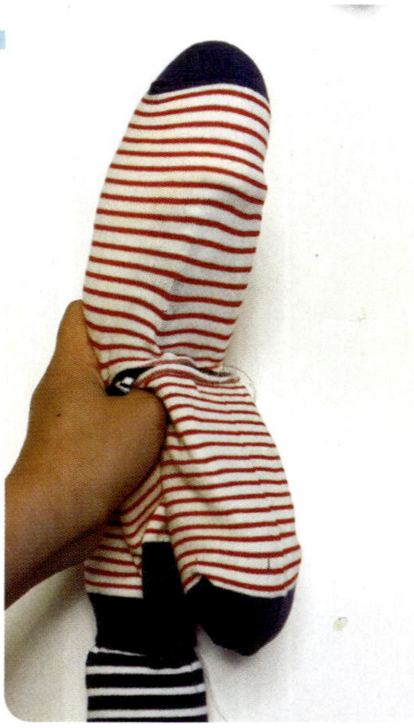

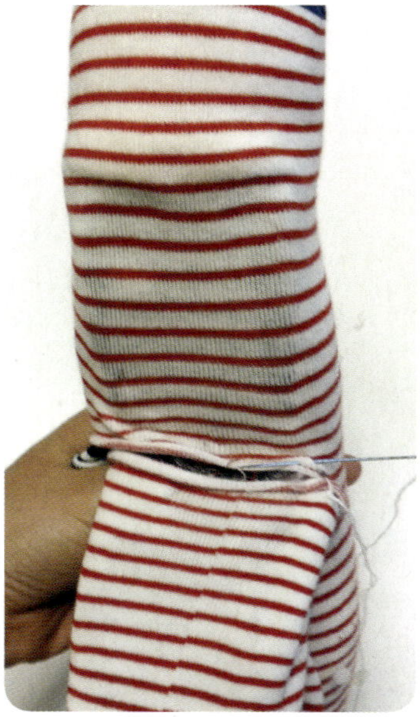

11 커다란 눈과 장난스러운 머리카락을 붙이고 마무리한다. 양말의 길이는 원하는 대로 만들 수 있으며 다양한 종류의 양말을 이용하여 멋진 무늬의 뱀 인형을 만들 수 있다.

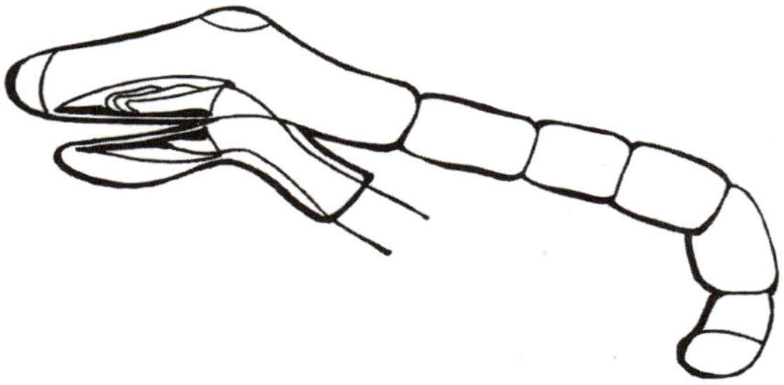

간단요약

1. 재료 준비
2. 여러 가지 양말에 솜을 넣고 길게 이어 주기
3. 머리가 되는 양말의 발목 부분에 칼집을 내고 적당량의 솜 빼내기
4. 입 속에 넣을 PP 포켓 두 개 만들기
5. 윗입과 아래 턱에 포켓 넣어 주기
6. 머리와 아래턱을 바느질로 이어 주기
7. 입 안을 부직포로 장식하고 눈과 액세서리 붙이고 마무리하기

스토리텔링을 위한 활용서

아기뱀 꼬물이
꼬마뱀 칭칭이 사세요!
나야, 나! 뱀꼬리야
말썽꾸러기 비단뱀
초록뱀이 꾸울꺽!
뱀이 색깔을 낳았어요
뱀은 왜 혀를 날름거릴까요?
뱀이 친구 구해요
뱀장어 학교
우주뱀의 습격
황금뱀의 비밀
인디언과 뱀과 밤
개구리랑 뱀이랑 1박 2일
개구리와 뱀
장난꾸러기 먹보뱀
바닷속 뱀장어의 여행
인간이 된 뱀 임금님
부끄럼쟁이 꼬마뱀
마법의 시간 여행 31-전설의 바다뱀과 빛의 검
보리피리와 춤추는 꽃뱀
오그레스와 뱀
노래하는 뱀
줄장지뱀이랑 숨바꼭질했지
알락뱀의 멋내기
못골뱀 학교
뱀을 밟다
움직이는 뱀 놀이 책
녹색 꼬리 도마뱀
구렁덩덩뱀 신랑
찾아라! 코모도 왕도마뱀
누가 승자일까요? 농부와 뱀 이야기
기린에 관한- 창문뱀
초록 도마뱀의 비밀

이빨을 붙여 악어 인형으로도 가능하고 용 인형 기린 인형으로도 응용할 수 있다.

이미지 샘플

재활용 인형을 이용한 수업과 공연 프로그램

재활용 인형을 이용한 수업과 제작 모습

'뚝딱뚝딱 인형극단'의 재활용 인형 제작 모습

'뚝딱뚝딱 인형극단'의 포스터

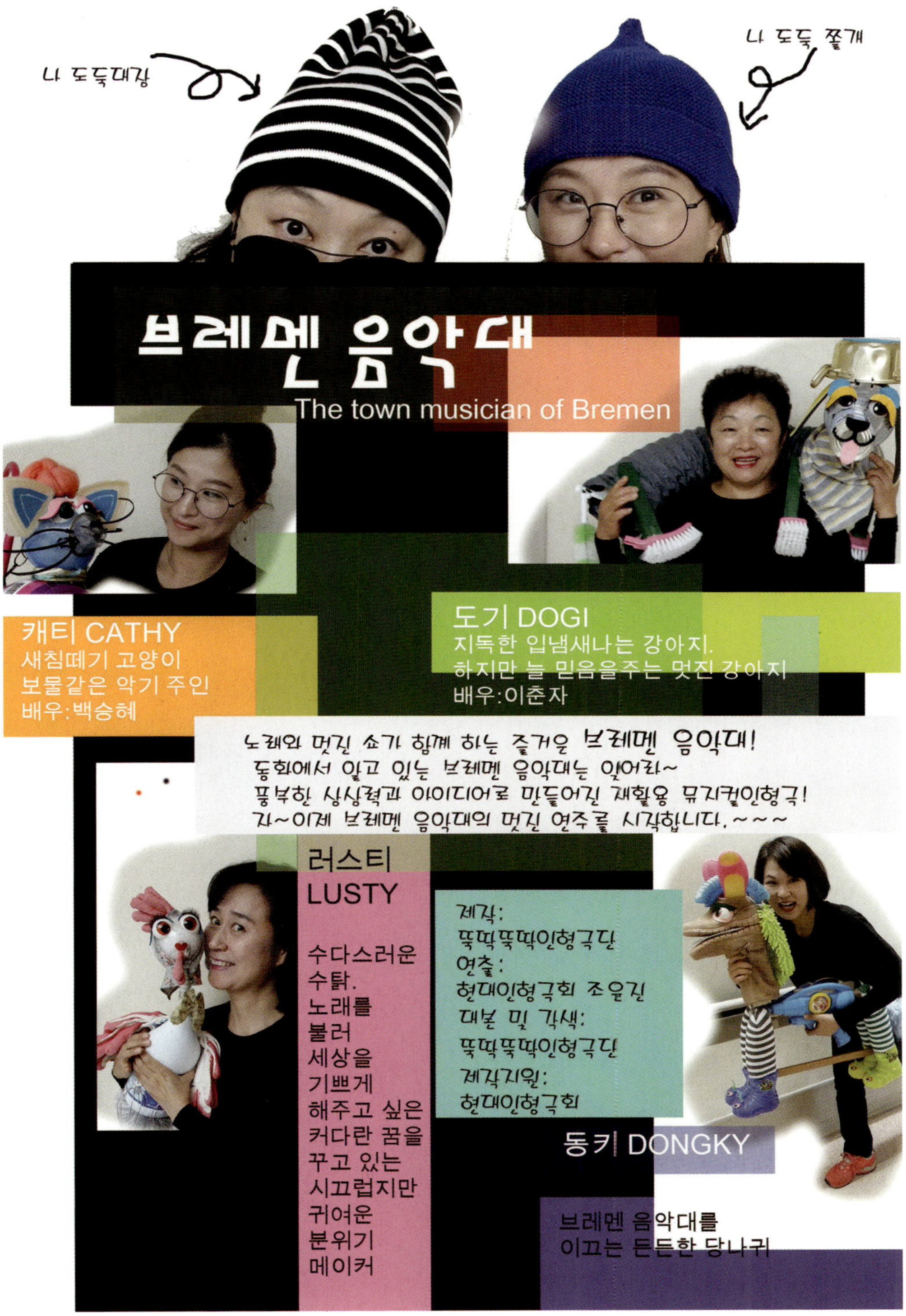

오즈의 마법사

현대인형극회 "오즈의 마법사"
조윤진 연출

현대인형극회의 재활용 뮤지컬 인형극
'띠용이와 떠나는 환경 캠프'

"띠용이와 떠나는 환경캠프"

♬ 특수 조명을 이용하여 손과 발 머리만 보이는 성훈이라는 친구의 등장으로 막을 연다. 학원생활에 지친 성훈이는 엄마의 신나는 제안으로 공연 관람을 온 친구들과 함께 띠용이의 환경 캠프에 참여하게 된다.

띠용이의 사회로 진행되는 환경캠프는 블랙과 화이트 조명의 흑백효과를 살려 인형들의 움직임과 연기에 신비감을 주는 공연이다.

블랙조명의 공연은 암전 속에서 연기자의 몸이 가려져 야광으로 보이는 인형의 신비로운 모습만을 볼 수가 있고, 화이트 조명에서는 줄 인형의 대가인 조용석 대표님의 리얼한 줄 인형 연기를 볼 수가 있다.

이러한 이분된 조명 효과로 인해 인형들의 리얼리티를 극대화시키고 마술 같은 움직임을 보여줌으로 어린이들의 호기심을 유발시켜 상상력 계발에 도움을 주고자 했다. 또한 세계적으로도 환경이라는 주제는 우리에게는 미래의 당면 과제로 풀어야 할 숙제라는 인식을 가지고 있다. 자라나는 아이들에게 이런 문제에 대한 가르침을 학교 수업 거부감 대신에 공연 문화 속에서 느껴지는 즐거움으로 승화시켜 제공한다. 쓰레기를 함부로 버려

쓰레기 괴물에게 당하는 띠용이. 하지만 곧 꿈 속이라는 사실을 알게 되고 띠용이는 다시는 쓰레기를 함부로 버려서는 안 된다는 생각을 하게 된다. 이에 아이들은 간과하였던 사물들의 존재들을 하나하나 인형 친구로 인식하게 되고 거부감 없이 그냥 버렸던 물건들도 재활용하게 된다. 인형들의 움직임도 정교하고 재미있지만 재활용으로 만들어진 인형들의 모습은 우리에게 아주 낯익은 친근감을 안겨 준다. 또한 공연으로만 끝나 시각적으로의 즐거움만 주는 것이 아닌 체험을 통한 배움의 장도 마련한다.

신문지로 만든 춤추는 인형, 트럼펫을 부는 우유팩 인형, 다 쓴 휴지로 만든 휴지관 인형, 깡통 로봇 등 다양한 재활용 인형들이 등장하고, 재활용을 통한 인형의 창조물을 본 아이들은 우리 자원을 아껴 쓰고 다시 이용해야 한다는 것을 배우게 된다. 띠용이는 아이들에게 공연 문화로 맛볼 수 있는 환상과 상상의 나래를 펼칠 수 있도록 도와주며 더 나아가 부모들과 함께할 수 있게 하는 공연 문화의 문화 캐릭터로 자리 잡을 것이다. 신기하고 재미난 인형들의 연기로 어린이들은 악기와 친숙해져 가고 어린이들의 음악적인 감수성을 계발시키는 데 예술적인 방법을 연출하는 것은 독특하다 못해 독창적이다. 멋진 환경캠프의 열기는 더해지고 어린이들은 점점 환경캠프의 주인공으로 동화되면서 인형이 연주하는 악기에서 흘러나오는 음악은 어느새 어린이들을 훌륭한 연주자로 만들어 버린다.

현대인형극회의 국악 뮤지컬 인형극 띠용이 시리즈 2탄!!

'띠용이와 떠나는 국악 여행-피리인형 떼루떼루'

띠용이와 떠나는 환경캠프 시리즈로 "피리인형 떼루떼루"는 띠용이의 국악 버전이다.

국악기 자신들이 직접 연주를 하고 인형들이 춤을 춘다는 콘셉트로 접근해 악기의 이름도 알고 악기의 소리도 알아가는 교육적인 효과가 크다. 또한 현대적인 인형의 겉모습이라도 국악에 맞추어 춤을 추는 것을 보고 퓨전 형식의 흥겨움과 신선함을 느낄 수 있다.

프롤로그에서 띠용이라는 주인공은 음악의 무료함에 지루해한다. 그래서 악기들을 하나씩 연주하다가 지루함에 못이겨 하나씩 악기들을 버리게 된다. 이때, 띠용이는 "떼루떼루"라는 피리인형을 만나게 되고 여러 가지 흥겨운 소리가 있는 국악나라로 여행을 떠나게 된다.

주인공과 관객들은 그동안 국악이 지루하고 한정적일 것이라는 생각을 깨고 흥겨운 악기들의 여러 가지 소리를 들으며 악기들과 친해지게 된다.

전통음악에 맞추어 춤을 추는 인형들은 국악기들을 재활용해서 만든 인형으로 아이들은 악기의 모습과 이름 그리고 소리 등을 자연스럽게 익힐 수 있다.

인형재료 구입처

TIP

인형 재료 구입하는 곳은 주위에서 쉽게 찾을 수 있는 문방구나 조금 큰 유아교구점, 생활용품점(마트 내)에서 쉽게 구할 수 있고 좀 더 다양한 재료를 구입하고자 하면 전문가들도 자주 이용하는 동대문 종합상가의 액세서리 코너를 방문하면 된다.

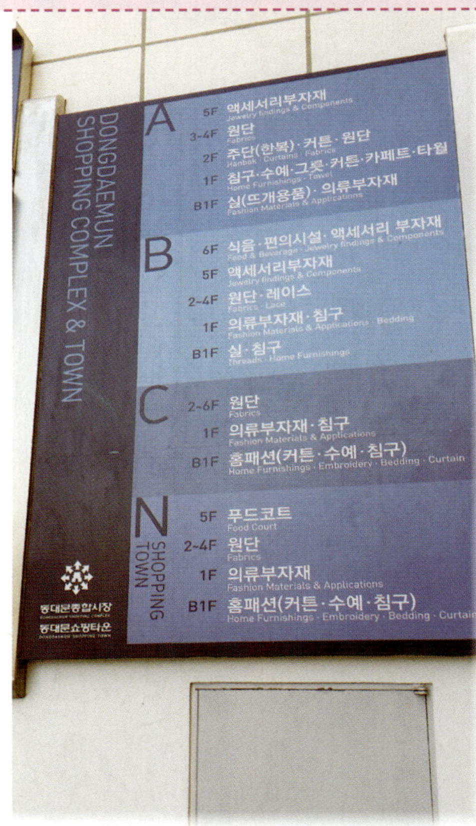

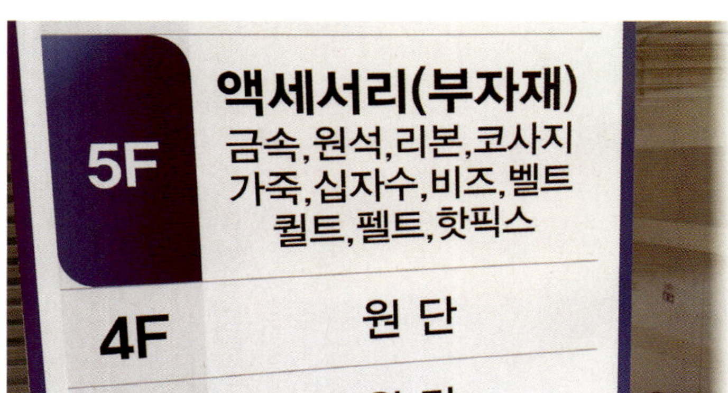

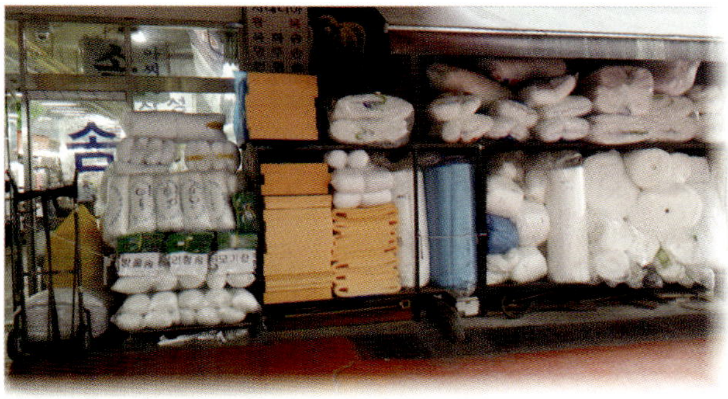

4호선 동대문 종합상가 1층 인형 솜 집 – 구슬 솜 구입

4호선 동대문 종합상가 5층 인형 눈, 코, 다양한 양모 틑과 펠트지 구입

참고서적

조윤진(2006). 장대인형 제작법과 연기론. 창지사.

조윤진(2008). 탈인형 제작법과 연기론. 창지사.

조윤진(2015). 그림자 인형 제작법과 표현론. 창지사.

저자 소개

현대인형극회 조 윤 진

2002년 성신여자대학교 공예과 졸업
2004년 성균관대학교 대학원 공연예술학과 졸업

◆ 경 력

1995년 현대인형극회 입사
1997~1999년 무대 디자인 및 캐릭터 디자인
방송 캐릭터 및 관공서 캐릭터 디자인

2000년 대표작
공연 작품 연기 팀장
2000 서울 연극제 최초로 인형극 출품작 공연
11월 홍콩 ITU 2000 전자 박람회 "삼성전자" 홍보 이벤트팀 연출
탈 인형 작품-빨간 모자 외 다수편 연출 및 출연

2001년 대표작
싱가폴 ITU 2001 전자박람회 "한국통신" 홍보 이벤트팀 연출
10월 5일~20일 정동극장 제1회 공연예술제 "조용석 줄 인형 콘서트 Ⅱ"-사계-
10월 대만 카오슝 인형 축제 공식초청 공연
12월 19일~30일 "크리스마스의 꿈" 정동극장 기획공연 연출전회 매진 기록
정동극장 상설 공연 팀으로 주인공 역임

2002년 대표작
현대인형극회 공연 실장 역임~현재
1월 19일~2월 3일 연강홀 "띠용이와 떠나는 환경캠프" 연출
2월 12일 설날 특별 공연 "국립국악원" 오프닝 게스트 "엿장수", "사물놀이"
5월 29일~6월 9일 "기획공연", "Korea Fantasy" 연강홀 연출

2003년 대표작
1월 16일~30일 "부르노의 그림 일기" 정동극장 기획공연 연출
12월 6일~31일 "크리스마스의 꿈" 정동극장 기획공연 연출

2004년 대표작

4월 3일~12일 이스라엘 "HAIFA INTERNATIONAL THEATRE FESTIVAL FOR CHILDREN & YOUTH 2004" 초청 공연 "줄 인형 콘서트" 연출
4월 24일~5월 30일 "부리부리 박사" 정동극장 기획 공연 주인공 및 연출
8월 3일~10일 일본 공연 참가 연출
9월 13일~18일 폴란드 "korczak 2004" 초청 공연 참가 연출
9월 수원여자대학교 유아교육과 인형극 강의
10월 신흥대학교 지역복지과 특강

2005년 대표작

"난타" PMC 프로덕션과 함께 "PUPPET CITY" 공연 연출 및 주연 배우
뉴질랜드 도시 순회 "줄 인형 콘서트" 공연 연출
일본 "IIDA INTERNATIONAL PUPPET FESTIVAL" 공식 초청 공연 연출
수원여자대학교 인형극 강의

2006년

영국 에딘버러 FRINGE FESTIVAL "A KOREAN FANTASY" 기획 공연 연출
일본 오사카 한일문화교류회 이벤트 공연 출연
수원여자대학교 인형극 강의
신흥대학교 평생교육원 강의

2007년

수원여자대학교 인형극 강의
대림대학교 인형극 강의
동명여자전산고등학교 유아교육과 강의
신흥대학교 평생교육원 강의
대진대학교 동아리 지도
일본 오키나와 아시테지 축제 연출 및 주연 배우
SBS 주최 제1회 한러 교류 축제
Moscow INTERNATIONAL PERFORMING ARTS CENTRE 연출 및 주연 배우
HONG KONG CITY HALL 초청 공연 연출 및 주연 배우
뉴질랜드 BRUCE MASON CENTRE 기획공연 연출 및 주연 배우

2008년

경기도 국악당 "덩덩쿵따쿵" 상설인형극 공연 연출
수원여자대학교 유아교육과 인형극 강의
강동구 자원봉사센터 인형극 강의
동명여자전산고등학교 유아교육과 강의
월곡 생명의 전화 "행복한 인형극단" 전문 지도
두산 베어스 마스코트 제작

2009년

경기도 국악당 "피리 인형 떼루떼루" 상설인형극 공연 연출
수원여자대학교 유아교육과 인형극 강의
강동구 자원봉사센터 인형극 강의 "사랑누리인형극단" 창단
월곡 생명의 전화 "행복한 인형극단" 전문 지도

천안아산 환경연합 인형극 지도
서울 도시가스 환경 공연 지도
부락 종합사회복지관 다문화 가정 강의
동명여자전산고등학교 그림자 인형극 강의

2010년
경기도 국악당 "덩덩쿵따쿵" 상설 인형극 공연 연출
국립 국악원 "엿장수 아저씨의 소리 여행" 상설 인형극 공연 연출
수원여자대학교 유아교육과 인형극 강의
청강문화산업대학교 유아교육과 인형극 강의
월곡 생명의 전화 "행복한 인형극단" 전문 지도
천안아산 환경 연합 연출, 강의
동명여자전산고등학교 그림자 인형극 연출, 강의
부천 오르프 그림자 인형극 연출, 강의
경인여자대학교 동아리 지도
창동 인터넷 중독 예방 센터 극단 창단 및 장대 인형극 연출, 강의
회기 참벗발달장애 "우리 인형극단" 블랙라이트 연출, 강의
고양 호수 축제 "덩덩쿵따쿵" 최우수상 수상

2011년
국립국악원 "띠용이와 떠나는 국악 여행" 상설인형극 공연 연출
수원여자대학교 유아교육과 인형극 강의
청강문화산업대학교 유아교육과 인형극 강의
월곡 생명의 전화 "행복한 인형극단" 전문 지도
천안아산 환경연합 그림자 인형극 연출
동명여자전산고등학교 손 인형극 연출, 강의
창동 인터넷 중독 예방 센터 장대 인형극 연출, 강의
천안 푸른 아산 21 "환경 인형극 녹음 프로듀싱" 및 연기 지도
유럽 순회 공연[키프러스 Rialto Theatre & 라르나카(Larnaca)] 기획공연
스페인 빌바오 국제 인형극 축제(Festival Internacional de Titeres de Bilbao) 축제 30회 기념 오프닝
레바논 베이루트 Caravan Festival 2011(주최 Khayal Association for Arts and Education) 연출 및 주연 출연
전국문예회관 연합회 우수 공연 선정 "덩덩쿵따쿵" 연출
용산아트홀 기획 공연 "덩덩쿵따쿵"
고양인 페스티발 축제 공식 선정 "줄 인형 콘서트"
고양 호수 축제 공식 초청작 "덩덩쿵따쿵" 연출

2012년

국립 부여 박물관 국악인형극 "덩덩쿵따쿵" 공연 연출
전국문예회관 연합회 우수 공연 선정 "덩덩쿵따쿵" 연출
여수 세계 박람회 "덩덩쿵따쿵" 공연 연출
신나는 예술 여행 복권기금 사업 "피리인형 떼루떼루" 연출
2013 청주문화예술의 전당 "덩덩쿵따쿵" 공연 연출
대만 연린 국제 인형 페스티발 "PUPPET CITY" 공연 연출 및 주연 출연
대전 침례신학대학교 유아교육과 강의
동명여자전산고등학교 블랙라이트, 탈 인형극 연출, 강의

2014년

어린이 대공원 내 상상나라 "국악인형극 덩덩쿵따쿵", "띠용이와 떠나는 환경캠프" 기획공연 연출
대전 침례신학교 유아교육과 강의
창동 마을공동체 "뚝딱뚝딱 인형극단" 지도
동명여자전산고등학교 블랙라이트, 탈 인형극 연출, 강의
SPP 우수 프로그램 애니메이션 런칭쇼 공연 연출
청주 MBC "국악인형극 덩덩쿵따쿵" 공연 연출 및 주연 출연

2015년

터키 이즈밀 국제축제 초청 공연 "PUPPET CITY" 공연 연출 및 주연 출연

그 외 특이 사항

장우혁 콘서트 줄 인형 연기 부분 기술 지원
마술사 최현우 연기 지도
예감 비보이 공연 "브레이크 아웃" 인형 제작 기술 자문
프라하 연인들 전도연 줄 인형 지도
설날 특집 스타 쇼 장나라 손 인형 지도
SBS 스타킹 출연 "국악 인형극" 연출
그 외 다수의 특강 경력이 있음을 현대인형극회가 인정함.

내일 수업을 위한 오늘 인형 만들기 워크북

–전문가가 제시하는 스토리텔링 교수매체로써의 인형 활용서–

초판 1쇄 인쇄 2016년 1월 4일
초판 1쇄 발행 2016년 1월 10일

지 은 이 | 조윤진
펴 낸 이 | 김기섭
책임편집 | 이윤미
펴 낸 곳 | 창지사 www.changjisa.com
153-802 서울시 금천구 가산디지털 1로 83 파트너스타워 1차 9층
전화 (02) 719-2211~3
팩스 (02) 701-9386
등　록 | 1977년 4월 28일 · 제1-421호

ISBN 978-89-426-0841-6 (03630)

값 22,000원

「이 도서의 국립중앙도서관 출판예정도서목록(CIP)은 서지정보유통지원시스템 홈페이지(http://seoji.nl.go.kr)와 국가자료공동목록시스템(http://www.nl.go.kr/kolisnet)에서 이용하실 수 있습니다.(CIP제어번호: CIP2015035938)」